Título original: *Les 100 légendes de la mythologie japonaise*, por Alain Rocher
(c) 2022. Del texto, Que sais je? Humensis
(c) 2024. De la traducción, Pablo Romero Alegría
(c) 2024. De esta edidión, Editorial Edaf, SLU, por acuerdo con Humensis,
170 bis, Boulevard du Montparnasse, 75014, París, representados por AMV
Agencia Literaria, Fuencarral 13, 3D, 28004 Madrid

Diseño de colección: Manuel García Pallarés

Editorial EDAF, S. L. U.
Jorge Juan, 68. 28009 Madrid
Tfno. (34) 914358260. http://www.edaf.net
edaf@edaf.net

Ediciones Algaba, S. A. de C. V.
Colonia Belisario Domínguez, calle 21, Poniente 3323. Entre la 33 sur y la 35
sur, Puebla, 72180, México. Tfno.: 52 22 22 11 13 87
jaime.breton@edaf.com.mx

Edaf del Plata, S. A.
Chile, 2222
1227 Buenos Aires, Argentina
Telf: +54114308-5222/+54116784-9516
edafdelplata@gmail.com
fernando.barredo@edaf.com.mx

Edaf Chile, S.A.
Huérfanos 1179 - Oficina 501
Santiago - Chile
comercialedafchile@edafchile.cl
Telf: +56944680539/+56944680597

Mayo de 2024
ISBN: 978-84-414-4315-0
Depósito legal: M-9023-2024

Impreso en España. Papel reciclado   Printed in Spain
GRÁFICAS COFÁS. Pol. Ind. Prado Regordoño. Móstoles (Madrid)

$$\frac{A}{S)}$$

100 LEYENDAS DE LA MITOLOGÍA JAPONESA

Alain Rocher

Traducción de Pablo Romero Alegría

edaf

MADRID - MÉXICO - BUENOS AIRES - SANTIAGO

2024

ÍNDICE

PREFACIO

La mitología japonesa, aunque presenta variaciones
sobre algunos temas familiares (nuestro lector identi-
ficará rápidamente el asesinato del gran dragón, las esposas sobrenaturales, el descenso a los infiernos, etc.),
permanece en gran medida desconocida en Occidente.
Es por ello que el hermoso principio enunciado en su
día por Antífanes —«Edipo, basta con mencionar
tu nombre para que sepamos a qué atenernos»— no
cobra en este caso ningún sentido. Las alusiones son un
lujo reservado a los universos cerrados.

La mitología japonesa encuentra su forma defini-
tiva a las puertas del siglo VIII, en dos compilaciones
redactadas por orden imperial, en el mismo momento
en que Yamato se convierte en un estado centralizado y
reproduce el aparato político-administrativo de China,
basado en el sistema de Códigos. Los tres libros del *Kojiki* (*Crónicas de antiguos hechos de Japón*), presenta-
dos ante la Corte en 712 por un tal Oho no Yasumaro,
exponen, en japonés arcaico, una versión unívoca del
origen del mundo, la fundación del país y la instalación
de los dioses celestiales en la tierra, antes de glosar las primeras dinastías legendarias y terminar con la muerte de
la emperatriz Suiko en 628. El *Nihon shoki* (*Anales de*

Japón), presentado en 720 a la emperatriz Genmei por un colegio de eruditos, se distingue de su predecesor por su monumental extensión (treinta libros), su lengua (chino clásico), su concepción del tiempo (se utiliza el calendario chino para articular la cronología) y la importancia que otorga a las relaciones diplomáticas entre Japón y el continente. Pero es la estrategia editorial polifónica adoptada por los compiladores del *Nihon shoki* lo que constituye una verdadera bendición para los amantes de los mitos: en los dos «libros de los dioses» (*jindai no maki*) que preceden a la sección histórica de los *Anales*, los editores optaron por conservar, junto a la versión principal del mito, toda una serie de variantes antiguas, transmisoras sin duda de tradiciones locales. Sin embargo, es aquí donde surge una importante dificultad. La racionalidad administrativa, la ideología de la regulación y el pensamiento de homogeneidad que impregnan el naciente imperio son la antítesis de lo que Claude Lévi-Strauss denominó en su día «pensamiento salvaje». Podríamos vernos entonces tentados a creer que se recurre a la mitología por primera y última vez para justificar un sistema que ya no la necesita: forzando un poco la situación, casi se podría decir que se le da muerte en el momento en que se plasma por escrito al servicio del Estado. Pero esta aparente paradoja se esfuma al recordar que la importación de la cultura política china es eminentemente selectiva. La resistencia al nuevo paradigma es una característica japonesa, que sigue justificando el uso del mito. Los grandes relatos oficiales del siglo VIII son en realidad una reescritura de las múltiples tradiciones del periodo protohistórico que explicaban la historia, las raíces geográficas y las prerrogativas de los grandes clanes (*uji*) por los gestos fundacionales de sus antepasados divinos: la lógica de la sangre y la tierra está destinada a alimentarse de mitos. Sin embargo, el discurso del imperio emergente, lejos de borrar estas tradiciones, se limita a absorberlas para «doblegarlas» y reciclarlas en su propio beneficio: la familia imperial se convierte así en el clan de los clanes, sus propias tradiciones se imponen como la leyenda de las leyendas y su diosa tutelar (Amaterasu) es ascendida a reina de los dioses, en el mismo movimiento que despoja a los clanes de su territorio, sus asociaciones, sus esclavos y su autonomía económica. La tesis de la divinidad de los emperadores (incompatible, en principio, con el concepto chino de la revocabilidad del mandato celestial) no puede justificarse utilizando las herramientas exangües de la gramática cosmológica del *yin* y el *yang*: necesita la eficacia simbólica de la cosmogonía que solo el mito puede ofrecerle. He aquí la razón por la cual el proyecto teológico-político no acaba con el mito. Además, la dosis justa de laxitud con que las narrativas oficiales asimilan los mitos nos permite resucitar la memoria de los textos. Si bien están sutilmente construidas, estas grandes historias son heterogéneas y portadoras de mitos arcaicos, tradiciones de aedos cortesanos, poemas de encantamiento, rituales teatrales, etimologías populares, glosas sobre el origen de clanes o asociaciones, etc. Nuestros textos son, pues, mitológicos en su doble dimensión: en su materia arcaica, muy ligada a las antiguas culturas de Asia oriental y sudoriental, y en la intención que presidió su reescritura. Habida cuenta de la riqueza de estas fuentes, limitaremos nuestro repertorio a su contenido. Es preciso señalar, sin embargo, que la cultura sincrética de la Edad Media dio lugar a una deuteromitología, cristalizada en torno a nuevas divinidades marcadas por el budismo esotérico, y que la literatura épica y teatral reutilizó ciertos patrones extraídos de la tradición antigua.

Las citas van acompañadas de referencias a los textos originales publicados por Iwanami Shoten en dos colecciones de referencia («NKBT» para literatura clásica y «NST» para historia del pensamiento). El número que sigue a estas dos siglas indica el volumen en el conjunto de la colección. Los textos citados, *Kojiki*, *Nihon shoki* y *Fudoki*, se designan con las siglas *K.*, *N.* y *FD.*

EN EL ORIGEN
Múltiples génesis

La mitología japonesa, constituida como verdadero repositorio de las más antiguas tradiciones asiáticas, no presenta una *sola* cosmogonía, sino una compleja síntesis de relatos cosmogónicos pertenecientes a horizontes culturales diferentes (el mundo chino, el interior siberiano, la región austronesia, etc.).

El *Nihon shoki* comienza con una versión erudita tomada de la tradición taoísta continental, que narra el origen del mundo como un proceso físico-químico de disociación de elementos ligeros (que, al elevarse, crean el cielo) y elementos pesados (que, al estancarse, son llamados a formar la tierra): esta formulación se encuentra, palabra por palabra, en clásicos chinos como el *Huainanzi* y el *Liezi*.

Pero nuestros textos también contienen cosmogonías más auténticamente mitológicas. Un primer grupo de relatos utiliza metáforas vegetales y una ontología que podría calificarse de germinativa. La materia caótica (*marökare*) que precede al cosmos es una masa líquida de cuyo seno surge «algo» (*mönö*) que «tiene la apariencia de un brote de juncos». De este misterioso brote (tras el que se perfila un simbolismo secundario que remite a las inundaciones propias del cultivo del arroz) nace un prototipo divino llamado Umashiashikabihikoji no kami (teónimo que, además del prefijo eufemístico con valor mágico *umashi*, contiene el elemento «brote de juncos», *ashi kabi*). Este ser, que ya no figura en desarrollos mitológicos posteriores, da vida entonces al gran dios oculto Kuni no tokotachi no mikoto, en torno al cual los pensadores del sintoísmo construirían una verdadera teología monoteísta en la Edad Media.

Otras variantes exponen un escenario diferente, que postula, en el origen del cielo y la tierra, una triada divina compuesta por el dios del centro del cielo, Ame no minakanushi no kami (asociado al culto de la estrella polar), y los dos dioses de la energía vital, Takamimusubi no kami y Kamimusubi no kami, los tres definidos como célibes («nacieron independientes») e invisibles («sin jamás mostrar su forma»). Después de ellos nacen parejas de divinidades cada vez más complejas en un proceso de disociación que traza correspondencias entre la formación del universo y la formación de los seres: los nombres codificados de estos dioses simbolizan estados cada vez más construidos de la materia del mundo y esbozan un contorno cada vez más preciso del «rostro» de los seres.

Ciertas metáforas arcaicas fosilizadas en el relato de los orígenes contienen trazas de otras cosmogonías: la expresión «sobre la superficie del caos líquido flotaba una materia viscosa que se asemejaba a un huevo» evoca, por supuesto, el huevo cósmico (Welt Ei), tan bien representado en los textos hindúes.

Por su parte, la imagen evocada en «la tierra aún joven flotaba y se mecía sobre la superficie de las aguas como un pez errante*», sugiere que el monstruo marino dio origen a la primera isla, como en el mito del arponeo del pez enorme que figura en el ciclo de Maui de las tradiciones polinesias.

En la versión oficial de nuestros mitos se sustituye la acción del arponeo por la intervención relacionada con la sal marina (que es la variante japonesa del batido del océano): Izanagi e Izanami, enviados por los dioses celestiales para «poner en orden todas estas tierras flotantes, y hacerlas sólidas y firmes», ocupan su lugar en el Puente Flotante del Cielo e introducen una alabarda sagrada en el mar, que comienza entonces a girar. Este giro repetido precipita y cristaliza el agua salada que forma la «isla que se condensa sola» (Onogorojima).

Se percibe otro complejo cosmogónico en el mito del nacimiento de los «tres niños brillantes». De regreso del inframundo, el dios Izanagi realiza abluciones en las aguas del mar y de sus ojos nacen las deidades del Sol y la Luna, mientras que de su nariz emerge el dios del mar (y de la tierra de las raíces): el recuerdo del tema del gigante cósmico de cuyo cuerpo se desprenden las

---

* Otra versión dice:'como una medusa'. (*Nota del editor.*)

diferentes partes del mundo queda claramente reflejado en la partenogénesis de Izanagi, que emparenta así con Ymir, Pangu o Purusha.

Por último, cabe mencionar una variante meridional del mito del descenso a la tierra del nieto de la diosa del Sol (reflejado en el *Fudoki* de Hyūga), que conserva el rastro de otra forma de cosmogonía: durante su descenso, el dios celeste arroja espigas que hacen llegar la luz al mundo.

En todos estos textos flota una concepción «generativa» del ser, ya que la perífrasis «llegar a ser» (*naru*) ocupa un lugar central en las teogonías.

AJISUKITAKAHIKONE
Dios de Izumo y bebé de llanto ruidoso

Este personaje aparentemente marginal está dotado de rasgos extremadamente distintivos que lo vinculan a una de las constelaciones simbólicas más arcaicas de la mitología japonesa. Recordemos en primer lugar que representa la «parte de Izumo» (en el oeste de Japón), polo rival de Yamato, y está relacionado con los dioses de esta región, lo que le convierte en parte de la cosmogonía local. El *Kojiki* cuenta que asiste al funeral de su amigo Ame no wakahiko, que había traicionado la causa de los dioses celestiales casándose con la hija del dios del país. Su parecido físico con el difunto provoca un malentendido sacrílego: sus padres lo confunden con una resurrección de Wakahiko. Ofendido por haber sido tomado por un «cadáver impuro» desenvaina su espada y destruye la cámara funeraria en la que se expone al difunto. Su hermana canta entonces un poema para glorificar su nombre y revelar su verdadera identidad, aludiendo a su naturaleza ofidiana: «¡Brillantes cuentas/que en cordón/van ensartadas!/con su mismo fulgor,/un dios, el dios/Ajishikitakahikone/los dos valles recorre». Dos pasajes del *Fudoki* de Izumo arrojan luz sobre esta deidad. El párrafo sobre el pueblo de Takakishi lo describe como un bebé «de llanto ruidoso»: «Ajisukitakahiko no mikoto, el hijo del gran dios que creó el mundo bajo el cielo, lloraba noche y día. Por ese motivo, se construyó un pabellón elevado para que viviera en él. Luego se instaló una gran escalera para que pudiera subir y bajar. Así fue como lo criaron» (*FD.*, «NKBT», vol. 2). Un poco más adelante, el episodio dedicado a la etimología del pueblo de Misawa es aún más explícito: «Ajisukitakahikone, hijo del gran dios Ohonamochi no mikoto, lloraba noche y día, incluso a la edad en que una barba de ocho palmos [le llegaba al pecho]. Es más, era incapaz de hablar. Su padre lo subió a un barco y lo llevó a recorrer las ochenta islas para que se distrajera, pero cada vez lloraba más. Fue así que Ohonamochi no mikoto elevó una plegaria que fue escuchada: en un sueño, le dijeron que su hijo sería capaz de hablar. Cuando se despertó, preguntó a su hijo, que dijo la palabra 'Misawa'» (*FD.*, «NKBT», vol. 2). La inmadurez del héroe, su naturaleza ofidiana, su relación con el agua y su comportamiento violento dibujan un perfil fácilmente identificable: no solo es un nuevo Susanowo (el alborotador cósmico, hermano menor de la diosa del Sol), sino que su genealogía lo inscribe como a su modelo, en el marco del incesto: su madre y su padre son hijos de Susanowo.

AKARUHIME
La hija del sol regresa a Japón

En la antigüedad, en el reino coreano de Silla, ocurrió un día que un pobre campesino sorprendió a una mujer dormida junto a un lago: estaba parcialmente desnuda y un rayo de sol, similar a un arco iris, acariciaba su cuerpo. Fecundada de forma milagrosa, la mujer pronto dio a luz una joya de color bermejo. El campesino tomó la joya y se la ofreció al hijo del rey de Silla, el príncipe Ame no Hihoko. Este colocó la joya junto a su cabecero, donde se transformó inmediatamente en una hermosa joven, a la que convirtió en su esposa principal. Pero con el paso del tiempo, el corazón del príncipe se volvió insensible y este llegó incluso a maltratar a su joven esposa. Declaró entonces ella: «Parece que no soy la esposa adecuada para mi príncipe. Regreso, pues, a mi tierra natal».(*FD*., «NKBT», vol. 1). Es fácil percibir que, como hija de la estrella luminosa, estaba vinculada a la tierra del sol naciente. Se hizo a la mar en el mayor secreto y navegó hasta Japón para desembarcar en el puerto de Naniwa, donde se convirtió en la diosa Akaruhime (Princesa de la Luz), venerada actualmente en el santuario de Himegoso. El príncipe salió en su búsqueda, pero cuando llegó al puerto de Naniwa, el dios de los estrechos le impidió atracar. Ame no Hihoko desembarcó entonces en la provincia de Tajima, donde se casó con la hija de una personalidad local. Entre sus numerosos descendientes se encuentra la famosa emperatriz Jingū. La tradición atribuye a este príncipe coreano la importación de numerosos tesoros y objetos mágicos (que dominan las olas y los vientos), venerados como dioses en el santuario de Izushi.

AMATERASU
La cara oculta de la diosa del Sol

Su doble papel de diosa del Sol y antepasada del linaje imperial convierte a Amaterasu Ohomikami («gran diosa que ilumina el cielo») en la figura más ilustre del panteón del sintoísmo. Goza de una longevidad sin parangón en el sistema ideológico tradicional, con al menos tres «vidas» distintas: emblema de la soberanía celestial en nuestros mitos antiguos y equivalente del gran Buda cósmico Mahāvairocana en el sincretismo religioso de la Edad Media, fue reivindicada en el siglo XIX por ciertos pensadores nacionalistas para justificar la idea de la superioridad de Japón sobre otras culturas. El sintoísmo estatal (*kokka shintō*) dotó a esta tercera faceta de un marco institucional que no fue abolido hasta después de la Segunda Guerra Mundial. Sin embargo, a pesar de su innegable peso simbólico y de la importancia de su famoso santuario (Ise jingū), reconstruido cada veinte años desde los albores de la historia, Amaterasu parece tener una existencia diáfana, y su historia dista mucho de ser la más rica de nuestros mitos antiguos: su figura, suavizada por la ideología oficial, oculta en realidad una identidad compleja.

Al igual que ocurre con los demás miembros de su hermandad (Tsukiyomi y Susanowo), la condición genealógica de la diosa del Sol revela una ambigüedad que nuestros textos no han tratado de resolver. Una versión del *Nihon shoki* la convierte en la hija predilecta de los padres del mundo, Izanagi e Izanami, que deliberan así tras el primer acto de la teogonía: «"Hemos producido el País de las Ocho Grandes Islas, con sus montañas, ríos y árboles. ¿Por qué no dar a luz a una deidad que gobierne el Mundo bajo el cielo?" Engendraron así a la diosa del Sol, llamada Ohohirume no muchi, o Amaterasu no ohokami. El deslumbrante resplandor de esta niña iluminaba las seis dimensiones del universo. Los dos padres se regocijaron y declararon: "Hemos tenido muchos vástagos, pero ninguno como esta maravillosa criatura. No conviene que la dejemos demasiado tiempo en este mundo: más bien, deberíamos enviarla al cielo para que se ocupe de los asuntos celestiales". En aquellos tiempos antiguos, el cielo y la tierra aún no se habían separado, así que la enviaron por la escalera celestial. Entonces alumbraron a luz a la divinidad de la luna, que recibió el nombre de Tsukiyomi no mikoto...». (*N.*, «NKBT», vol. 67).

Pero en la versión ortodoxa de nuestros mitos (representada por el *Kojiki* y ciertas variantes del *Nihon shoki*), Amaterasu nace de Izanagi solo en el momento en que, tras abandonar el país impuro, realiza un baño de purificación con las aguas limpias del mar. Esta partenogénesis, que remite al tema del gigante cósmico, parece constituir una cosmogonía autónoma y marca, como mínimo, un nuevo comienzo en el mito. Del ojo izquierdo del dios celestial nació Amaterasu, de su ojo derecho nació el dios lunar Tsukiyomi y de su nariz nació Susanowo. En una variante con connotaciones rituales, las dos estrellas no nacen de los ojos de Izanagi, sino de dos espejos que sostiene en sus manos izquierda y derecha. El espejo sagrado es el emblema de la diosa del Sol y una de las tres *insignias* que se entregan en cada entronización. Izanagi se dispuso entonces a dividir el universo en tres dominios, distribuyendo las encomiendas entre sus «hijos augustos». «Tomó el collar de cuentas que le colgaba del cuello y, agitándolo suavemente hasta hacer sonar el delicado sonido de sus cuentas, se lo entregó a Amaterasu con estas palabras: "Tú gobernarás el altiplano del cielo". Después, ordenó a Tsuku-yomi: "Tú gobernarás el mundo de la noche". Después, ordenó a Susanowo no mikoto: "Tú gobernarás el ancho mundo de los mares"» (*K*., «NKBT», vol. 1). El último rechazó el encargo de gobernar aquello que se le había encomendado y ascendió al cielo para visitar a su hermana Amaterasu. Esta tenía serias razones para creer que su turbulento hermano menor planeaba apoderarse de su país. Emprendió entonces unos preparativos marciales que, bajo la pálida inocencia de su figura oficial, insinuaban la dimensión arcaica de una divinidad andrógina o de un terrorífico dios guerrero: «Rápidamente la diosa, después de deshacerse el peinado, se recogió el cabello en dos moños[**], a un lado y a otro de la cabeza, que se sujetó con sarmientos. Después, en sus augustas manos se anudó un largo collar de muchas cuentas. A sus espaldas colgó una aljaba capaz de llevar mil flechas y a su costado otra capaz de llevar quinientas flechas. También se puso un gran guardabrazos. Después alzó y sacudió el arco. A continuación, pisó con tanta fuerza la sólida tierra, que sus piernas parecían hundirse en el suelo. Y así, dando patadas a la tierra como si fuera nieve espumosa, aguardó con viril valentía la llegada de su hermano». Para demostrar la pureza de sus intenciones y apaciguar los ánimos, Susanowo ofreció a su hermana una especie de conjuro (*ukehi*), que no era más que un incesto disfrazado. Los dos dioses debían intercambiar sus atributos simbólicos (las cuentas del collar de Amaterasu y los fragmentos de la espada de Susanowo), sumergirlos en el agua del pozo celestial y masticarlos para hacerlos añicos antes de esculpirlos. Esta materia vaporizada dio lugar a dos series de divinidades, una asociada al cielo y otra al mar. Susanowo utiliza el sexo de su descendencia («los hijos que he engendrado han resultado ser niñas delicadas») para reivindicar su inocencia. Pero en lugar de contentarse con esta victoria, cometió sacrilegios y actuó de forma violenta en el cielo, causando la muerte

---

[**] Peinado masculino. (*Nota del editor.*)

de una sacerdotisa del sol recluida en la estancia sagrada de las hilanderas (o, según otra versión, de la propia Amaterasu). La diosa, ofendida —o muerta, según las versiones no adulteradas—, se retiró a la Casa Rocosa del Cielo (*Ame no Iwato*), sumiendo el mundo en una noche eterna. Recordemos de paso que la expresión que remite al concepto «oculto por la roca» (*iwagakure*), que plasma este episodio, es una metáfora de la muerte en el japonés arcaico, sin duda reminiscente del ritual de cierre de los antiguos túmulos funerarios. Los desconcertados dioses iniciaron entonces toda una serie de procedimientos rituales destinados a evocar a la diosa del Sol: conjuros, ofrendas diversas, canto del gallo, etc., que inevitablemente proporcionaron un relato de origen a los gremios sacerdotales del periodo histórico. A la antigua estructura del mito del eclipse solar (bien representado en el sudeste asiático, incluso entre los naga) se le ha superpuesto un significado ritual más típicamente japonés: este despliegue de procedimientos apotropaicos se considera una alusión a la solemne ceremonia del *Chinkonsai*, que pretende reinfundir energía al sol (y al soberano que lo representa) en el momento del solsticio de invierno. Para completar estas medidas, los dioses celestiales cuelgan un espejo de las ramas de un árbol sagrado erigido frente a la puerta cerrada: este emblema del sol tiene el poder de atraer mágicamente lo que refleja (*ogishiro*), pero también pretende hacer creer a la diosa que una doble de ella misma la ha sustituido en el mundo. El punto culminante de esta compleja ceremonia es una danza erótica interpretada por la diosa Ame no Uzume, que despierta la hilaridad de los dioses celestiales reunidos: es este estallido homérico de risas lo que, en última instancia, provoca la salida de Amaterasu de su cueva y, por lo tanto, su renacimiento. Medio curiosa, medio celosa, entreabre la puerta de piedra, y el Hércules del panteón japonés (Tajikarawo no kami) aprovecha la oportunidad para agarrar a la diosa por el brazo y sacarla de su escondite. En un mundo de nuevo iluminado por el sol, el areópago de los dioses juzga al hermano menor y lo condena al exilio. Aunque Amaterasu comienza realmente una segunda vida, ahora parece despojada de su poder original y de su lado sombrío: ya no llevará al cielo más que la diáfana existencia de un símbolo, uniéndose a la categoría que Mircea Eliade llamó en su día los *dei otiosi*. Interpreta su último gran papel en la escena de los preparativos para el descenso a la tierra de su nieto Ninigi, que ha de instaurar la soberanía celestial en el mundo. Poco antes de que el príncipe se marchara, ella le entregó el espejo que la había devuelto a la vida y le explicó su función de la siguiente manera: «Toma este espejo y considéralo como mi augusto espíritu: lo adorarás como lo harías en mi presencia» (K., «NKBT», vol. 1). En sus posteriores apariciones, cada vez más esporádicas, Amaterasu se muestra acompañada por un misterioso doble llamado Takagi no kami (dios del Gran Árbol) que a menudo toma decisiones de común acuerdo con ella. Este extraño duunvirato parece el resultado de la síntesis de dos tradiciones clánicas diferentes, a menos que represente la primera encarnación de la famosa diarquía que, más tarde, permitirá disociar la soberanía sagrada del ejercicio del poder concreto.

ALAIN ROCHER

AME NO UZUME NO MIKOTO
La Baubo japonesa

Cuando Amaterasu, enfurecida por la violencia ejercida
por su hermano menor, se retira a su cueva, sumiendo
al mundo en una noche eterna, la asamblea de dioses
decide organizar un complejo ritual para poner fin al
reino de las tinieblas. A los conjuros y las ofrendas se
sumó una coreografía que parece ser el punto culminante de la ceremonia. La diosa Ame no Uzume ejecuta
una danza erótica sobre un cubo al que había dado la
vuelta y que servía de escenario o caja de resonancia.
El *Kojiki* nos ofrece una descripción muy pintoresca
de este episodio: «Ame no Uzume no mikoto se arre-
mangó la túnica con una liana tomada del monte celestial de Kagu, se sujetó la cabellera con otra liana de
la hiedra de Masaki, y empuñó un ramo de bambú
tomado del monte celestial de Kagu. A continuación,
puso delante de la puerta de la caverna un cubo boca
abajo, se subió encima de él y comenzó a bailar pataleando y pataleando hasta producir un ruido cada vez
más ensordecedor. La diosa bailaba con tal frenesí,
que entró en trance, mostrando sus pechos desnudos
y dejando que se le soltara el cíngulo de la túnica hasta
que se le vieron sus partes íntimas. Al presenciar este
espectáculo, los ocho millones de deidades rompieron
a reír al unísono» (*K.*, «NKBT», vol. 1). Numerosas

sociedades tradicionales atribuyen a las danzas eróticas una función apotropaica: supuestamente, dejar las partes íntimas al descubierto sirve para alejar la desgracia, la mala suerte o la calamidad. Sin embargo, este mecanismo tiene en este caso un efecto doble: la visión del cuerpo desnudo de la diosa provoca entre los demás dioses una risa que, a su vez, devolverá la luz y la vida al mundo. Porque la risa (en tanto que exteriorización de la alegría) no solo sirve para traer felicidad, sino que además posee una función creadora. Algunas leyendas tardías sobre la natividad de Buda relatan que el futuro ser iluminado, dando unos pasos hacia los cuatro orientes, soltó una tremenda carcajada que trajo la luz al mundo. Muchos comparatistas han establecido semejanzas entre la Ame no Uzume japonesa y la Yambe de los himnos homéricos, o con la Baubo de Clemente de Alejandría, que utilizaba una danza igualmente sugerente para burlarse de Deméter. En Japón, los atributos religiosos de Ame no Uzume son más precisos: el texto recuerda que la diosa se desnuda porque ha entrado en trance (*kamugakari*). No es de extrañar, por tanto, que se la considere antepasada del clan Sarume de bailarinas-chamanas.

AME NO WAKAHIKO Y EL FAISÁN

Contraofensiva

Enviado a la tierra por los dioses celestiales para someter a los gobernantes del país, Ame no wakahiko se pasa al enemigo: se compromete con la hija de Ohokuninushi y, de paso, con la causa de este pueblo. Al no regresar para dar cuenta de su misión a sus valedores, los grandes dioses enviaron al faisán Nakime a investigar este extraño silencio. El traidor toma entonces una flecha y, con ella, atraviesa al mensajero. Pero la flecha sigue volando hacia arriba hasta aterrizar, ensangrentada, en los pies de los dioses. Takagi no kami reconoce las plumas y dispara de nuevo la flecha hacia la tierra, acompañando este gesto de una maldición condicionada: «Si Ame no wakahiko es culpable, que esta flecha le dé su galardón». Esto es exactamente lo que ocurrió, y esta venganza indirecta por parte del faisán sirve de etiología del dicho «Hay que desconfiar de la flecha de vuelta».

ÁRBOL GIGANTE

Axis mundi

El motivo del árbol cósmico es recurrente en un gran número de tradiciones (desde el Yggdrasill nórdico hasta el abedul gigante de los pueblos siberianos), pero en Japón su simbolismo adquiere inflexiones particulares. El célebre pasaje de la crónica de Nintoku (*K.*, «NST», vol. 1), que describe la inmensa sombra proyectada por el árbol sobre el río Tonoki, parece atribuir a este reloj de sol sobrenatural la función de definir el espacio y medir el tiempo: «Al oeste del río Tonoki se alzaba un gran árbol. Cuando lo tocaban los rayos del sol naciente, su sombra alcanzaba la isla de Awaji, y cuando lo tocaban los rayos del sol poniente, su sombra alcanzaba el monte Takayasu». Este caso dista mucho de ser único. Cada región no solo contaba con un gigantesco alcanforero, roble u otra especie, sino que estos árboles servían de marcadores territoriales, como sugieren los tan precisos topónimos que describen la extensión de su sombra. El *Chikugo Fudoki* no se limita a ofrecer una descripción similar del gran árbol de Mike en la isla de Kyūshū («por la mañana, daba sombra a la cima de Tara en Hizen, por la tarde daba sombra al monte Aratume en Higo»), sino que sugiere que el simbolismo calendárico y el administrativo se solapan: es la tierra de Hi en su totalidad (Hizen e Higo) la que se halla bajo la alta protección del árbol solar. *Axis mundi* de cada uno de los antiguos distritos (*kohori*), integrados en una red más amplia que los conectaba por todo el reino, estos árboles que hablaban del espacio y del tiempo eran también venerados por sí mismos y guardaban relación con los cultos de la religión primitiva. Sin embargo, resulta curioso observar que todos los pasajes de nuestros mitos que se refieren a ellos hablan en pasado (los árboles gigantes suelen acabar talados), como si fueran el símbolo de un orden cultural pretérito. Además, la práctica de utilizar la madera para fabricar un objeto precioso que presentar al soberano parece demostrar que el joven imperio se construye reapropiándose de la lógica arcaica de los «centros plurales» para hacerla funcionar «en singular», *ad usum imperatoris*, en un espacio ahora homogeneizado.

ARCO
¿Arma o símbolo?

El arco (*yumi*) parece haberse limitado inicialmente a su función bélica: Amaterasu, la diosa del Sol, amenazada por su hermano Susanowo, se arma de pies a cabeza, se ciñe dos aljabas repletas de flechas y blande su arco para impresionar al intruso. En ocasiones, un duelo con arcos entre dos caudillos precede o sustituye a una batalla campal. También es, naturalmente, un instrumento para la caza mayor y menor (los tipos de flechas están adaptados a estas presas), pero los mitos y ritos japoneses de la antigüedad atribuyen al arco funciones más simbólicas y originales. Así, ocurre a menudo en nuestros relatos clásicos que un rebelde invitado por un ave a someterse a la autoridad imperial señala su negativa a obedecer disparando una flecha al emisario alado. Un mismo arco puede servir para lanzar flechas estridentes que atemoricen al enemigo o, en otros contextos (como en el sudeste asiático), saetas sibilantes que impidan que el monstruo celeste se trague el sol durante los eclipses.

El dios Ohokuninushi, al final de sus pruebas iniciáticas en el país de las raíces, roba a su anfitrión el «arco de la vida», un arma que es ante todo un instrumento mágico. Algunos rituales de Año Nuevo atribuyen al arco una función adivinatoria: ya sea apuntando al centro de una diana o a un anillo que hay que atravesar, las flechas con una trayectoria impecable garantizan la buena fortuna para el año venidero.

En otro registro, la vibración sonora que emite la cuerda de un arco disparado en vacío tiene una función apotropaica muy tardía: hasta la Edad Media, se suponía que este gesto ritual realizado tras el nacimiento de un niño lo protegía de las malas influencias.

CENTRO DEL CIELO
Estrella del Norte

Ame no Minakanushi no kami es el primer dios de la teogonía japonesa, al menos en la versión ofrecida por el *Kojiki*, ya que los *Anales* proponen otros candidatos con otros atributos. Como su nombre indica, es el soberano (*nushi*) del centro (*naka*) del cielo (*ame*), asignación que sugiere una identificación con la Estrella Polar (u otra estrella de la misma constelación) y delata un origen chino.

Sabemos que, en el continente, la estrella polar, esa tachuela dorada de la bóveda nocturna, se asociaba al emperador: ambos señalan el norte y permanecen inmóviles mientras todos los seres giran a su alrededor.

El relato del *Kojiki* afirma que surgió por generación espontánea y le atribuye dos características: jamás muestra su forma (es un espíritu puro) y es célibe (representa un estado monádico del ser, anterior a la diferencia de sexos). Mera creación intelectual, no desempeña ningún papel concreto en nuestros mitos y no vuelve a aparecer una vez inaugurada la teogonía. A él se dirigen ciertos rituales imperiales que no han dejado huella en las creencias populares. El hecho de que se asocie con los dos dioses Takamimusubi y Kamimusubi para formar una tríada elemental parece indicar que los ideólogos oficiales lo consideraban una traducción pictórica de la construcción cosmológica china que tiene al *yin* y al *yang* girando en torno al Gobernante Supremo (*Taiji*): esta fue al menos la interpretación que le dieron los teólogos del sintoístas de la Edad Media.

EL NÚMERO 8

El infinitamente grande

La asamblea de dioses celestiales incluye ochocientas miríadas de kami (*yaoyorozu no kami*), el pabellón erigido por Izanagi e Izanami en la primera isla mide ocho brazadas (*yahiro dono*), el país modelado por los dioses se describe como la gran tierra de ocho islas, el cuerpo de la diosa muerta da a luz a ocho dioses del trueno, la hidra abatida por Susanowo tiene ocho cabezas y ocho colas, etcétera. El ocho es el número por excelencia de toda magnitud superlativa, o la imagen de lo incalculable. Este valor se deriva probablemente del sistema numérico protojaponés, que se basaba en dos series de números relacionadas etimológicamente (los números elementales y sus múltiplos). Los nombres de los numerales de la segunda serie eran mutaciones fonéticas de los nombres de los números básicos: seis (*mu-*) reutiliza la raíz del número tres (*mi-*) con una mutación vocálica, al igual que cuatro (*yo-*), multiplicado por dos, produce ocho (*ya-*), que es una variación de la misma raíz. Así pues, el ocho parece ser el múltiplo más grande de este sistema arcaico, lo que sin duda justifica su papel.

LOS CLANES

Uno para todos, todos para uno

El sistema de clanes del periodo protohistórico moldea o reconfigura el material de nuestros mitos de dos maneras diferentes. En primer lugar, el mundo descrito en nuestras narraciones evidencia un espacio fragmentado entre los diferentes reinos y las incesantes rivalidades entre clanes que precedieron al establecimiento del imperio. En segundo lugar, muchos episodios del *Kojiki* y el *Nihon shoki* relatan los orígenes de clanes específicos (guerreros, sacerdotes, etc.) y establecen sus reivindicaciones.

El clan de la protohistoria (*uji*) es algo más que un grupo patrilineal de individuos que reivindican un antepasado común: se trata de una entidad política, económica y religiosa arraigada en un territorio concreto. Políticamente, esta entidad se sitúa bajo la autoridad de un jefe de clan (*uji no kami*) que, junto con los demás cabezas de familia, rodea al rey (*kimi, ohokimi*), participa en la toma de decisiones y conforma una especie de aristocracia. Los hombres del clan (*ujibito*) reciben un título hereditario colectivo (*kabane*) en el contexto de una jerarquía global, justificada por sus orígenes prestigiosos (a menudo divinos): cuando se estaba formando el imperio, los soberanos trataron de controlar este linaje para consolidar su poder sobre las grandes familias. De esta manera, a finales del siglo VII se implanta el llamado sistema «de los ocho títulos» (*yakusa no kabane*), que anula las antiguas jerarquías y las somete más estrechamente al poder central. Económicamente, el clan puede disfrutar en una cuasiautonomía, ya que depende de sus propios gremios de artesanos (*tomo, be*), de sus campesinos (*tabe*) que trabajan sus arrozales (*tadokoro*) y de sus esclavos designados (*yakko*). El sistema imperial emergente se encargaría de privar a los clanes de sus prerrogativas e integrarlos en la maquinaria administrativa del Estado. El clan se caracteriza a menudo por una especialidad determinada (guerra, ritos, escritura, artesanía, etc.), lo que explica que ese gremio en cuestión diera en ocasiones su nombre a todo el clan: el compuesto *Urabe*, que designa inicialmente al gremio de adivinos, acabó convirtiéndose en un nombre de clan. Por último, el jefe del clan se define a sí mismo como descendiente de un fundador histórico, que a su vez es descendiente lejano de una divinidad (*ujigami*, dios del clan), a la que los miembros del clan rinden culto. Por eso los grandes clanes tienen sus propios santuarios específicos: incluso fuera de las ceremonias regulares, los *ujibito* acuden a retiros para recibir instrucciones de su dios en sueños. Algunas de las formas antiguas de nuestros mitos cristalizaron sin duda en este contexto cultural particular.

CORMORÁN

Entre la tierra y el mar

El cormorán ocupa un lugar especial en el bestiario de la mitología japonesa. Su capacidad para bucear lo asocia simbólicamente con el cielo y el mar: la «razón imaginativa» lo considera un anfibio. Como tal, no es de extrañar que desempeñe un papel central en el mito de Ugayafukiahezu, que nace de la unión entre el mar (Toyotamahime es hija del dios de los océanos) y el cielo (Howori es un príncipe celestial, nieto de Amaterasu). Por eso la cabaña en la que nació se construye en una playa, en la frontera entre los dos elementos, con un tejado parcialmente cubierto de plumas de cormorán: esta extraña característica también dejó su impronta en el nombre del recién nacido.

Una segunda razón, apoyada en una falsa etimología, explica su presencia en esta escena del parto: el nombre del cormorán (*u*, en japonés) y la raíz del verbo nacer/dar a luz (*u-mu; u-mareru*) son homófonos. Además, la facilidad con que esta ave marina regurgita su presa (cuando se le ayuda a hacerlo) se consideraba sin duda una garantía de parto fácil.

La mitología de Izumo también cuenta que el dios Kushiyatama se transformó en cormorán para recoger del fondo del mar la arcilla necesaria para elaborar platos ceremoniales.

El pensamiento mítico percibe un evidente parentesco entre el ave marina, que lleva el pescado a los pescadores, y el ministro del santuario, que presenta los alimentos consagrados en los «platos celestiales».

GREMIOS
Las cofradías del imperio

En su descenso del cielo, el nieto de la diosa del Sol se hace acompañar por un grupo de cinco deidades a las que Amaterasu y Takagi asignan funciones sacerdotales específicas y que se definen en nuestros textos como los antepasados de los diferentes gremios (*itsu tomo no wo*). Se trataba de Ame no Koyane, Futotama, Ame no Uzume, Ishikoridome y Tama no ya, que habían desempeñado una importante función en el rito de la evocación del sol. Estos cinco gremios compartían el encargo de organizar las grandes ceremonias asociadas a la familia imperial. Algunas versiones del *Nihon shoki* incluyen en este grupo a los antepasados de Ohotomo y Kume, que representaban la función guerrera: las dos primeras funciones dumezilianas marcan así con su fuerte presencia la catábasis del joven dios. Más allá de este mito particular, un gremio (*tomo*), cualquiera que sea su especialidad, es un grupo profesional hereditario, adscrito a un clan o coincidente con él, al que se fue privando progresivamente de su autonomía para integrarlo en el aparato del Estado. La palabra «*be*», que sustituye al término «*tomo*» en los albores de la historia, y que procede de la terminología de la realeza coreana, delata el estadio intermedio de esta última evolución. Están representadas todas las especialidades, que a menudo tienden a convertirse en nombres de clanes, algunos de los cuales sobreviven en el Japón moderno como apellidos: Urabe (gremio de adivinos), Fumibe (gremio de escribas), Imbe (gremio de especialistas en ritos de abstinencia), Hanibe (gremio de alfareros), Tabe (cultivadores de arroz), etc. Antes de quedar plasmada por escrito, la memoria de nuestros mitos pudo transmitirse entre generaciones gracias al gremio de recitadores conocido como Kataribe.

CUERPO DIVINO

La elección de una forma física
para la encarnación

Antes de recibir la influencia del imaginario budista y su compleja simbología, la religión arcaica japonesa era decididamente anicónica. Si bien la falta de rostro de los dioses los convierte en seres irrepresentables por naturaleza, no dejan por ello de ser «presentificables». En su estado natural, el espíritu invisible de un kami flota, difuso, en los confines del universo, pero cuando desciende al mundo, por iniciativa propia o a petición de los hombres que requieren su ayuda, debe concentrarse y adoptar una forma material, que en japonés se denomina «cuerpo divino» (la palabra *shintai* se generalizó a partir de mediados del periodo Heian). El medio que sirve a los dioses para manifestarse físicamente puede ser un objeto natural (la cima de una montaña, un árbol, una roca, un manantial, etc.), un artefacto (una herramienta, un palo, un arma, un objeto ritual como un espejo, etc.), un animal (un ciervo, un jabalí, un pájaro, etc.) o incluso un ser humano (un niño o una sacerdotisa). Originalmente, estos cuerpos físicos no tienen ningún carácter sagrado intrínseco (solo cumplen su función mientras dura la ceremonia que los utiliza y luego vuelven a su estado etéreo) pero, en el caso de ciertos grandes dioses, los «cuerpos de manifestación» acabaron adquiriendo con el tiempo una densidad y una significación permanentes. Incluso si se transforman en símbolos, estos medios físicos no pierden su eficacia mágica original, como lo evidencia el mito del espejo de Amaterasu: este objeto sirve primero para devolver la vida a la diosa antes de convertirse en su emblema y en el destinatario de su culto. Con el paso del tiempo, cuando la religión se institucionaliza y el panteón se estructura al mismo ritmo que la red de santuarios, arraigó la costumbre de instalar un *shintai* bien definido en el sanctasanctórum de cada santuario, lo cual es una forma de aplicar la lógica budista de las reliquias al sintoísmo.

ALAIN ROCHER

COSMOLOGÍAS
Las estructuras del mundo

La erudita cosmología importada de China explica en qué medida la alternancia del yin y el yang, al actuar sobre las cinco fases (*gogyō*: el fuego, el agua, el metal, etc., no son elementos, sino fuerzas o procesos dinámicos), produce todos los fenómenos del mundo. En paralelo, Japón es depositario de una cosmología ancestral que los mitos, el folclore, los topónimos y los rituales agrarios nos permiten reconstruir con facilidad. Dos geometrías superpuestas conforman la concepción del mundo arcaico: una visión vertical que contrapone tres planos (el cielo, el mundo humano y el mundo subterráneo) y una visión horizontal que percibe el más allá (terrestre o ultramarino) como una prolongación del espacio humano. El cielo se describe como un altiplano (*Takamagahara*): es el lugar de residencia de los kamis celestiales (*ama tsu kami*) y el centro de toda autoridad, el reino de la diosa del Sol (Amaterasu) y el lugar al que regresan las almas de los aristócratas difuntos (en forma de ave blanca). Pero curiosamente, este cielo tiene las mismas características que la tierra: está atravesado por un gran río (el río de la tranquilidad celeste, *Ame no yasukawa*, se refiere sin duda a la Vía Láctea), cuenta con arrozales, una famosa cueva (donde se oculta la diosa del Sol mientras dura su crisis) y una montaña sagrada

(*Ama no Kaguyama*), que es el modelo de la cumbre terrestre del mismo nombre (producida por la caída de un pedazo de tierra de su prototipo). La cuna histórica de Yamato (la región de Nara) se considera una metáfora del altiplano celestial, y en el japonés moderno, el destino de un funcionario a un puesto provincial tras su jubilación se define como un «descenso del cielo». Los textos antiguos mencionan una curiosa práctica mágica: quien conseguía hacerse con un puñado de arcilla del monte Kagu (conocida como la «semilla de Yamato») obtenía el derecho a ejercer el poder sobre todo el país.

La tierra de los hombres recibe una gran cantidad de designaciones con un valor mágico (las connotaciones agrarias son conjuros para la fertilidad): uno de los nombres más comunes es «la tierra fértil de las mil cosechas» (*Chi.aki no mizuho no kuni*) o «la tierra media del campo de juncos» (*Ashihara no nakatsukuni*). En los mitos, el junco es un sustituto metafórico del arroz. El cielo y la tierra estaban unidos por una escalera, un puente flotante (que utilizaron los dioses para conquistar el océano y dar lugar a la primera isla del archipiélago) o un pilar; sin embargo, este enlace se rompió, como indican tradiciones locales no recogidas en nuestros textos. Se supone que las vistas que se disfrutan desde el célebre emplazamiento de Ama no hashidate corresponden al lugar del mar donde cayó esa escalera que subía al cielo.

El inframundo se conoce en las versiones eruditas como la tierra de los manantiales amarillos (una metáfora china) o, en japonés puro, la tierra de las raíces (*Ne no kuni*). Este oscuro dominio es el hogar de los difuntos, cuya vida es tan diáfana y lamentable como se describe en el *Nekuia* de la Odisea.

La visión horizontal del espacio presenta el más allá como una prolongación del mundo humano: las primeras laderas de las montañas, las playas o las grutas marinas son siempre puertas al averno. El más allá ultramarino (*Tokoyo no kuni*) se percibe como un mundo luminoso que garantiza la fertilidad. Los complejos rituales pretenden consolidar las fronteras (*sakai*) entre el mundo humano y el más allá, y se hacen presentes en viajes, bodas y funerales. Pero estas fronteras suelen ser porosas: es en sus márgenes donde las comunidades se forman, se definen y se enfrentan a las amenazas. Paradójicamente, la frontera desempeña el papel del ágora en el mundo griego antiguo. Por último, cabe señalar que el eje este-oeste (típicamente solar) influye profundamente en la visión arcaica del espacio y configura la toponimia y la configuración de los microcosmos: los puntos solsticiales (salida y puesta del sol) representan hitos fundamentales en la estructuración del medio rural.

DORADA
El castigo de la dorada

Cierto día, el dios Howori pide a su hermano mayor que le preste su aparejo de pesca para salir a practicar. Quiso la mala suerte que el preciado anzuelo se perdiera, ante lo cual el inclemente hermano se niega a aceptar cualquier forma de compensación y exige la devolución del anzuelo original. Es este un escenario que se encuentra con frecuencia en las tradiciones austronesias. Desesperado, el joven viaja al reino submarino en busca de ayuda. El gran kami del mar (Watatsumi no ohokami) convoca entonces a *todos los peces del mar, tanto los de aleta grande como los de aleta pequeña*, para dar con el anzuelo. La asamblea informa al señor de los océanos que la dorada (mújol, según otra versión) se había quejado recientemente de dolor de garganta y hacía tiempo que no se dejaba ver. Se le insta entonces a que se presente, se le retira el anzuelo (que se devuelve a su dueño) y se le impone una sanción simbólica: «A partir de ahora no podrás picar ningún anzuelo ni tendrás derecho a que se te invite la mesa del príncipe celestial». Es por este motivo que el pescado *kuchime* no se encuentra entre los platos que se sirven al emperador.

DESCENSOS DEL CIELO

Toma de posesión y renacimiento

El mito del descenso a la tierra de Ninigi no mikoto, el nieto de la diosa del Sol, es sin duda el dispositivo simbólico central de la ideología alóctona en la que se basa el sistema imperial. Una vez pacificado el país, Ninigi recibe de sus abuelos Amaterasu y Takagi la orden de descender a la tierra media donde crecen los juncos para establecer ahí su reinado. El príncipe celestial, acompañado de un gran séquito, sube a la cima del monte Takachiho (en el sur de Japón) tras vencer la oposición de un dios terrestre venido a su encuentro. A pesar de la aparente sencillez de su trama, este solemne episodio, conocido en japonés como *Tenson Kōrin*, esconde un complejo entramado de significados.

Obviemos la antigua interpretación reduccionista que veía en este descenso una metáfora de la invasión de un pueblo conquistador. Conviene recordar que las tradiciones de una vasta zona continental, que se extiende desde Corea hasta las zonas de implantación del idioma mongol, representan la fundación de sus dinastías reales como el descenso de un primer ancestro sobre la cima de una montaña. La catábasis de Ninigi tiene una mayor dimensión sociopolítica por el amplio séquito que lo acompaña, integrado por antepasados de los clanes cuyos descendientes pasarían a formar la aristocracia de la protohistoria. Sin embargo, el descenso no es simplemente una toma de posesión de la tierra: es sobre todo la metáfora de un ritual de entronización o cualificación real. Ninigi y los miembros de su séquito llevan consigo los tres emblemas de la soberanía (el espejo, la espada y las joyas curvas), que serían a partir de entonces los sellos oficiales de legitimidad de todos los nuevos emperadores. Además, Ninigi solo recibe la encomienda del descenso después de que el emisario inicialmente escogido (Ame no Oshihomimi no mikoto, hijo directo de Amaterasu) la rechace dos veces. Es probable que esta sustitución de una persona por otra oculte una lucha por la preeminencia entre los clanes, pero también encierra un significado simbólico de suma importancia. Ninigi es todavía un niño y, según una versión del *Nihon shoki*, está envuelto en una especie de manta ritual (*madoko ohu fusuma*), lo que confirma que el acceso al trono es una especie de segundo nacimiento. La versión oficial del *Tenson Kōrin* que acabamos de resumir refleja únicamente las tradiciones de la familia imperial, pero el rastro de otra descendencia celestial recogido en la crónica de Jinmu del *Nihon shoki* y asociado a Nigihayahi no mikoto, antepasado del clan guerrero Mononobe, sugiere que varios clanes importantes basaron probablemente su condición en mitos similares. Esta dimensión política no agota el sentido de nuestro episodio, por una parte porque la política en la Antigüedad era indisociable de la religión (gobernar consiste sobre todo en organizar ceremonias: *matsurigoto*) y, de otra parte, porque la antigua función real tiene atributos agrarios. El nombre completo de Ninigi, Amenigishikuninigishi amatsuhikohikoho no ninigi no mikoto, contiene el elemento «*ho*», que designa la espiga (de arroz) y, como nos recuerdan numerosas ceremonias imperiales (por ejemplo, los rituales de agradecimiento por las cosechas a las deidades), el soberano era visto como el receptáculo del espíritu de los cereales, que descendía para fertilizar los campos.

De los complementos escénicos del descenso se desprende un significado final, que complementa los anteriores sin excluirlos: Ninigi se levanta solemnemente de su trono de piedra y, apartando la confusa masa de miríadas de nubes que ocupan el espacio, se instala en el Puente Flotante del Cielo (o en una especie de isla flotante). Este grandioso escenario es una reiteración deliberada del mito de la producción del mundo por Izanagi e Izanami: el descenso del príncipe celestial se describe como un nuevo génesis.

DIOS FLECHA

Los orígenes divinos
de la emperatriz Isukeyorihime

La hija de Mizokuhi de Mishima, Seyatatarahime, era de una belleza sublime. Cuando el dios Ohomono-nushi la vio, quedó prendado de ella. Atento al momento en que ella visitaba el baño, se transformó en una flecha rubicunda y, siguiendo el canal sobre el que hacía sus necesidades, golpeó sus genitales. La joven, estupefacta, salió despavorida, pero no sin llevarse la flecha. Mas cuando la colocó junto al cabecero de su cama, la flecha rubicunda se convirtió en un apuesto joven que se casó con la hermosa mujer. Tuvieron juntos a Hototatara Isusukihime no mikoto, que se convertiría en la esposa del emperador Jinmu.

DIOSES JAPONESES
Del cielo a la tierra

Incluso dejando de lado toda la población de divinidades sincréticas generadas por la cultura esotérica de la Edad Media, el panteón que los mitos antiguos nos revelan es de tal complejidad y variedad que cualquier intento de clasificación resulta extremadamente arduo. En la base de la jerarquía figuran las divinidades con identidades flotantes, desprovistas de nombre, rostro y atributos fijos, que se manifiestan colectivamente, en «enjambres», en tiempos de infortunio. Así, cuando Susanowo comete sus primeros actos violentos, «se llenó todo de las voces alborotadas de deidades malévolas que, como si fueran moscas de verano que acarrean desdichas, hicieron nacer todo género de calamidades» (*K.*, «NKBT», vol. 1). El periodo aludido es, precisamente, la época de trasplante del arroz. Cuando los dioses celestiales, creyendo haber llevado la paz a la tierra, decidieron enviar a su primer representante, Ame no Oshihomimi no mikoto, este constató la persistencia del desorden que reinaba. El *Nihon shoki* describe este estado de caos de la siguiente manera: «Abundan en el país divinidades que brillan como luciérnagas, y los espíritus malignos zumban como moscas. Incluso las plantas y los árboles emiten sonidos». Menos malévolos, pero igual de diáfanos, son los espíritus de los árboles y las rocas que pueblan el entorno natural.

Por encima de esta categoría se encuentran dioses (*kami*) más sustanciales estrechamente asociados a una dimensión natural (agua, puerto de montaña, río, desembocadura, mar, etc.), a un lugar específico (una montaña concreta) o a una actividad económica concreta (pesca o cultivo de arroz): su función o sus raíces geográficas sustituyen a su nombre, pero rara vez se les representa en relatos que puedan darles un rostro preciso. Y, además, los ritos que los invocan les confieren a menudo una doble función: al final de la cosecha, el dios de la agricultura (*ta no kami*) se retira a tierras más altas para convertirse en el dios de las montañas (*yama no kami*) y patrón de los animales salvajes y la caza. Estos dioses pueden manifestarse ante los hombres delegando en espíritus secundarios o animales (aves, jabalíes, ciervos, tiburones, etc.) que actúan como sus representantes y a los que aquellos deben procurar no ofender, so pena de sufrir terribles castigos.

En la cúspide de la pirámide se encuentran los kamis que tienen un nombre, una personalidad propia y una genealogía (a menudo son los antepasados de clanes o gremios): este prestigio explica que se les otorgue un papel importante en los mitos fundacionales: es el caso de Izanagi e Izanami, Susanowo, Amaterasu, etc. Fue la institucionalización gradual de la red de santuarios y la asignación oficial de un nombre a cada uno de ellos lo que dio consistencia a un panteón que inicialmente era bastante inconcreto. Los registros del periodo Heian (*Jinmyōchō*) enumeraban más de tres mil deidades.

Nuestros textos utilizan varias clasificaciones para distinguirlos: los dioses del cielo (*Ama tsu kami*) se oponen a los dioses del campo (*Kuni tsu kami*) y les imponen su dominio tras un largo proceso de conquista. El esoterismo postula dos modos de existencia para los dioses: son invisibles en su estado natural, pero pueden hacerse visibles (por ejemplo, el emperador es un dios manifestado) cuando se encarnan en un cuerpo determinado. Algunos kamis, lejos de ser mónadas, pueden existir como pares complementarios (dios/diosa). Otra categoría muy antigua distingue a los dioses violentos *(araburu kami/ara mitama)* de los dioses apacibles o pacíficos (*nigimitama*): se trata a menudo de dioses de la tierra resistentes a la autoridad celestial, o de dioses más primitivos que amenazan constantemente las fronteras del mundo «civilizado». La «pacificación» es, pues, la gran misión de los dioses dominantes, pero es sobre todo una tarea semiótica, expresada tanto en el registro mágico como en el político: muchos rituales consisten en depositar ofrendas en los confines del imperio, rendir culto a dioses que se sienten olvidados y conseguir que los dominados «expresen» que reconocen el control celestial. Por último, conviene recordar que los personajes famosos, incluso de épocas más cercanas a la nuestra, pueden convertirse en kamis a título póstumo.

ADIVINACIÓN
Buenos y malos augurios

La adivinación (*ura*, *uranai*) es un procedimiento simbólico para obtener instrucciones divinas o legitimar una decisión en tiempos de crisis, y se encuentra de diversas formas en los mitos japoneses. Una de sus formas más arcaicas es la osteomancia, presente en Japón desde el periodo Yayoi Medio (siglo IV a. C.), de la que existen numerosos ejemplos en las culturas neolíticas del continente. Primero se prepara un hueso plano de ciervo o jabalí (normalmente el omóplato, de ahí el nombre de escapulomancia reservado a esta técnica) y se expone al calor en puntos específicos para revelar grietas en su lado opuesto. La morfología de estos «signos» se interpreta como una respuesta —favorable o desfavorable— a la pregunta planteada. Cuando los dioses Izanagi e Izanami, tras el giro ritual que sella su matrimonio, dan a luz a un engendro amorfo, se sorprenden por este fracaso y someten su perplejidad al juicio de los dioses del cielo. Estos acometen una «gran adivinación» (*futomani*/*putomani*) y emiten su veredicto: el niño es un engendro porque la mujer (Izanami) habló primero durante el giro. El rito habría de repetirse siguiendo el proceso correcto, dando la iniciativa de hablar al dios masculino.

Más adelante en la historia, la retirada de la diosa del Sol a la Casa Rocosa del Cielo tras los crímenes de Susanowo desencadena una crisis que lleva a los angustiados dioses a realizar una consulta adivinatoria sobre el omóplato de un ciervo capturado en el monte sagrado Kaguyama.

Una técnica similar, más sofisticada y posterior, se introdujo en Japón durante el periodo de los Grandes Túmulos (alrededor del siglo v d. C). Originaria de China, consiste en realizar la operación descrita anteriormente sobre otro soporte, la parte plana del caparazón de una tortuga (el plastrón, de ahí el nombre de plastromancia dado a esta práctica). Se perfora el reverso del plastrón con pequeños orificios o rectángulos que no llegan a atravesar la superficie, a los que luego se les acerca un tizón. La interpretación de las grietas provocadas por el choque térmico (la superficie del hueso se rocía con agua fría una vez aplicado el calor) obedece a una gramática compleja y va acompañada de fórmulas mágicas. Esta práctica, conocida como *kiboku*, se menciona en los libros legendarios y semihistóricos de los *Anales de Japón*: se utiliza, por ejemplo, al principio del reinado del emperador Sujin, marcado por calamidades inexplicables. Fue el clan Urabe el que ostentó el monopolio de esta práctica, y en la Edad Media proporcionó famosos hermeneutas del mito, así como los primeros teólogos del naciente sintoísmo.

La oniromancia también está profundamente arraigada en la cultura arcaica japonesa. A diferencia de la ciencia onírica china, que es una cleromancia totalmente semiotizada y carece de valor religioso (los signos que aparecen en el sueño se descodifican según una lógica binaria: positivo/negativo), la oniromancia japonesa pretende facilitar la comunicación directa con un dios cuyas instrucciones resolverán la crisis. Por ejemplo, cuando el legendario primer emperador Jinmu partió con sus tropas hacia Yamato, ocurrió que su avance se vio detenido en las montañas de la península de Ki por nativos hostiles y animales malignos. Entonces, sus antepasados divinos (Amaterasu y Takagi no kami) se aparecieron al soberano en sueños para revelarle dónde podría encontrar un adyuvante mágico que desbloqueara la situación.

La cledonomancia consiste en interpretar palabras oídas por casualidad para anticiparse a una crisis o identificar signos favorables o desfavorables a una decisión. Trivializada y codificada (bajo el nombre de *yuhuke no ura*), aparece en los mitos de una forma específica: como la declaración de un personaje extraño (a menudo enviado por los dioses), en un lugar marcado por la liminalidad (puente, cruce de caminos, pendiente, desfiladero), que se pronuncia por primera vez de forma poética. Esta *vox dei*, incomprensible en su estado original, necesita la traducción de un hermeneuta para que su mensaje pueda transmitirse. Durante el reinado del emperador Sujin, un emisario destinado en provincias conoce a una misteriosa joven al pie de una colina: entona entonces la enigmática desconocida una canción que acusa al soberano, en términos codificados, de ignorar las amenazas de rebelión que se ciernen sobre el imperio. Cuando se le pregunta por el significado de su canción, finge no saberlo y desaparece. Esta profecía poética solo será descifrada una vez comunicada a Sujin.

EMISHI
Los bárbaros del Norte

De los muchos términos metafóricos a los que nuestros textos antiguos recurren para describir a los «bárbaros» de la periferia, la palabra *emishi* es sin duda la que más se acerca a un verdadero etnónimo. Efectivamente, un famoso pasaje de la crónica de Keikō (40.º año de reinado, 6.º mes) pone en boca del emperador, que envía al héroe Yamatotakeru a domar a los rebeldes, una descripción demasiado marcada por las convenciones culturales chinas para ser fiable: «Los bárbaros del este son propensos a la violencia, [...] sus pueblos no tienen jefes [...] se dedican al pillaje. Entre estos salvajes del este, los emishi son los más poderosos. Allí, hombres y mujeres viven en la promiscuidad e ignoran las distinciones entre la condición de padre e hijo. En invierno viven en fosas, en verano en nidos. Van vestidos con pieles y beben sangre. [...] Cuando escalan montañas, son como pájaros voladores; cuando cruzan praderas cubiertas de hierba, son como bestias salvajes». Irónicamente, esta imagen repite palabra por palabra algunos de los tópicos poco halagadores que los chinos reservaron para los japoneses de los siglos II y III en las secciones etnográficas de sus propios anales. Todo parece indicar que los japoneses de la protohistoria trataron de establecerse como sujetos culturales «barbarizando» a los pueblos de sus márgenes y tomando prestados los códigos civilizatorios chinos. De hecho, uno de los dos sinogramas que componen la palabra *emishi* hace referencia a animales con concha, lo que nos recuerda que, en el emblema continental, el Norte está asociado al color negro y al símbolo de la concha.

A pesar de la hipérbole fantasiosa de esta retórica etnocéntrica, los emishi son muy reales. Se localizan con precisión (la mitad norte de la isla de Honshū), se conocen los nombres de algunos de sus caudillos y queda probada su feroz resistencia a la expansión de Yamato ya en el periodo Heian. Al igual que los hayato, de quienes son homólogos en el norte, son convocados a la corte periódicamente para que renueven su lealtad y paguen un tributo. Algunos textos los describen con una precisión poco común (vestimenta, tatuajes, peinados, armamento, estructura de las casas enterradas, etc.), llegando incluso a subdividirlos en varios subgrupos (según su ubicación y grado de insumisión). Su temperamento feroz parece haber impresionado a los antiguos japoneses, como puede verse en expresiones proverbiales incluidas en poemas arcaicos («Un emishi resiste a cien hombres», *Jinmu-ki*). Este conjunto de indicios, en combinación con pruebas toponímicas y onomásticas, sugiere que se trata de poblaciones no japonesas de origen paleoasiático, una de cuyas ramas históricas formaría más tarde los famosos Ainu, que fueron progresivamente expulsados hacia el norte del archipiélago.

ESPOSAS SOBRENATURALES
Una inquietante rareza

Una configuración narrativa se repite con obsesiva regularidad en los antiguos textos japoneses: la que asocia el origen de la muerte con el «complejo de Melusina», que los folcloristas denominan más técnicamente «esposas sobrenaturales». Un día, el marido de una mujer no humana infringe la prohibición de mirar que se le ha impuesto y descubre la verdadera naturaleza de su compañera: ella, irritada, rompe todo contacto con el mundo del marido y le priva de las ventajas que antes le había garantizado (vida eterna, fertilidad, etc.). Los cuentos populares japoneses desarrollaron este tema arcaico (llamado *irui nyōbō* en japonés) una y otra vez, utilizando los recursos ilimitados de un bestiario de criaturas reales y fantásticas (grulla, zorra, cocodrilo, vaca, yegua, serpiente, dragón, pez, almeja, etc.), integrándolo más tarde en la lógica confuciana del servicio prestado y la deuda moral que conlleva (*ongaeshi*). También conocen la variante invertida de este tipo de relato (una mujer humana descubre la identidad animal o divina de su marido), que no está totalmente ausente de nuestros mitos, pero es el tema del descubrimiento de la rareza femenina el que ocupa el centro del sistema simbólico antiguo.

ALAIN ROCHER

FUNERALES
Pájaros divertidos

Lejos de ser una mera curiosidad etnológica, el antiguo escenario funerario, centrado en la práctica del enterramiento temporal (*mogari*), nos ofrece la clave para entender nuestros mitos. Este ritual se describe por primera vez en la conclusión del drama de Ame no wakahiko. Tras la muerte violenta del dios felón, «el viento transportó los sollozos de la princesa Shitaderu, la viuda [...] hasta el Cielo» (*K.*, «NKBT», vol. 1). Este llanto, por un efecto de eco, provoca el llanto de la familia cercana. El *Kojiki* no menciona la automutilación y demás expresiones ostentosas de dolor descritas en otros textos, pero su prohibición por el decreto de Taika relativo a la organización de funerales confirma *a contrario* su antigüedad. La familia construye una cámara funeraria (*moya*) en la que se expone el cadáver. Varios arqueólogos han visto en el palacio de Yomi, visitado por Izanagi en busca de su esposa desaparecida, una metáfora de esta cámara. Esta interpretación también se propone explícitamente en una variante del *Nihon shoki* (*N.*, «NKBT», vol. 67). Se reparten entonces los cometidos entre todos los participantes en la ceremonia, que curiosamente se asocian con aves: el ganso salvaje se encargará de las ofrendas; la garza, de la escoba, un pájaro guardarrío, de la comida;

el faisán, del llanto, etcétera. Algunos especialistas japoneses han especulado con que los participantes agitaban sus mangas en un gesto codificado que evocaba el batir de las alas de los pájaros; otros autores apuntan a la función del ave como animal psicopompo. En este episodio en concreto, conviene recordar que fue el asesinato del faisán Nakime (el llorón) lo que provocó la muerte de Ame no wakahiko. En los largos poemas que intercambia con su esposa, el dios Ohokuninushi (suegro de Ame no wakahiko) se compara a sí mismo con un ave marina e imita el batir de sus alas. A continuación, el mito pasa al segundo acto del ritual, las festividades (*asobu/asobi*), que duraban ocho días y ocho noches: un gran banquete acompañado de bailes, cantos y elogios al difunto se combinaba quizá con concursos de lucha (atestiguados en fecha posterior), recitaciones de genealogías, etcétera. La ceremonia terminaba con la instauración de una separación entre el mundo de los vivos y el del difunto, que se integraba en la comunidad de los muertos y era enterrado definitivamente.

Sin embargo, este ritual arcaico, cuya versión solemne (reservada al emperador) imponía un vacío de poder de uno o dos años, propicio a todo tipo de rebeliones, sufrió transformaciones fundamentales en la época de la formación del Estado y de la compilación de los mitos oficiales. Por un lado, los decretos de Taika prohibieron la práctica del suicidio acompañante y, por otro, la cremación sustituyó a la inhumación desde los funerales de la emperatriz *Jitō* (finales del siglo VII). El acortamiento de la duración del rito, la eliminación del interregno y la desmaterialización del cuerpo del difunto que hizo posible la nueva práctica budista pusieron fin al largo trabajo de «manipulación simbólica» del cuerpo real. Aunque la cremación se convirtió rápidamente en parte integrante de la cultura de la aristocracia, el pueblo llano (sobre todo el que vivía en regiones periféricas) se mantuvo fiel a la práctica del enterramiento hasta el umbral de la modernidad.

GIRO (EL RITO DEL)
El paseo circular de los encuentros

En la recién creada isla de Onogoro, los dioses Izanagi e Izanami erigieron una gran columna llamada Pilar Celestial de Agosto (*Ame no Mihashira*) antes de construir el Palacio de las Ocho Medidas, que les serviría de hogar. Se desconoce si el pilar en cuestión era un elemento arquitectónico del palacio o una especie de *axis mundi* independiente. Ambas lecturas son legítimas, dada la maleabilidad simbólica de los elementos del mito. Una variante del *Nihon shoki* sugiere que es la propia isla de Onogoro la que actúa como «pilar celestial», en cuyo caso debería imaginarse como un pico escarpado que se eleva hacia las nubes. Otras variantes equiparan este pilar con el Puente Flotante del Cielo utilizado por la pareja divina para completar su descenso: en ambos casos se trataría de una especie de escalera que une el cielo con la tierra. Sea cual sea su forma, este pilar actúa como accesorio central en el giro ritual que formaliza el encuentro entre los dos kamis y sella su unión. Al girar en direcciones opuestas alrededor de la columna, se supone que el dios y la diosa pronuncian, cuando se encuentran cara a cara, una exclamación formal con fuertes connotaciones sexuales. Los antropólogos japoneses han comparado esta escenificación con ciertos ritos matrimoniales existentes entre varios grupos étnicos del sudeste asiático. En una línea similar, pero en parte independiente de la lógica matrimonial, los rituales de Año Nuevo identificados por los etnografistas en las montañas del noreste de Japón también se basan en un gesto giratorio realizado por parejas de campesinos: los cónyuges desnudos rodean el hogar de su casa gateando y, al encontrarse, pronuncian una fórmula erótica que se asemeja a un voto de fertilidad para el año agrario que está a punto de comenzar. La etnología comparada sugiere otro significado, que no es necesariamente incompatible con el primero. Entre varios grupos étnicos minoritarios de la China meridional, al igual que entre los habitantes de las montañas de Taiwán, el giro en torno a una roca, un gran árbol o una montaña es un artificio (a menudo concebido por la mujer) destinado a presentar la unión incestuosa entre una pareja hermano-hermana o madre-hijo, tras un diluvio del que son los únicos supervivientes, como un acontecimiento fortuito puesto al servicio de la necesidad. De este modo, se neutralizan las consecuencias nefastas del incesto.

Huelga decir que el simbolismo del giro de los dos principios masculino y femenino en torno a un eje se presta fácilmente a una segunda teorización en los términos cultos de la cosmología china del *yin* y el *yang* (que giran en torno a la cumbre suprema).

EL GRAN CUERVO
«El ave augural de la antigüedad»

A su arcaico simbolismo de ave solar, acreditado en casi todas las tradiciones asiáticas (basta pensar en el cuervo de tres patas que habitaba en el sol según las leyendas chinas), el cuervo ha añadido, en sus variantes japonesas, los significados más específicos de emisario imperial o enviado del dios de la montaña.

El primer significado aún se refleja en la crónica de Jinmu, que relata cómo el soberano, estancado en su camino hacia Yamato, recibió en sueños una promesa de ayuda de su antepasada, la diosa del Sol: «¡Te enviaré al gran cuervo de ocho palmos (Yatagarasu), que te servirá de guía!».

El mismo pájaro cumple también funciones diplomáticas (y está próximo al mito del faisán): es el que aconseja a los potentados locales que no ofrezcan resistencia ante el avance de las tropas imperiales. Aquel que dispara una flecha al ave imperial ratifica su voluntad rebelde y firma su sentencia de muerte. Venerado en varios santuarios, honrado mediante ceremonias específicas (la llamada del cuervo en las celebraciones de Año Nuevo) y bien implantado en la región de Ki (metáfora por excelencia del otro mundo en la geografía imaginaria de Japón), el cuervo parece haberse fusionado con el dios-antepasado de los condes (*agatanushi*) de

Kamo, si hemos de creer una tradición preservada en el *Kogo shū.i.*

Algunos arqueólogos ven un cuervo en el ave de la proa de la barca funeraria del túmulo de Mezurashi-zuka, en Kyūshū.

ALABARDA
¿Arma u ofrenda?

Las alabardas que empuñan los dioses de nuestros mitos y las que revelan los yacimientos arqueológicos de Yayoi (departamentos de Hyōgo, Wakayama y Fukuoka) ejercen una función menor como armas, pues son más bien objetos votivos: la rareza de su material y el prestigio de su origen continental hacen que se reserven al ámbito religioso. Ya sean importadas directamente, reproducidas en piedra o fundidas con lingotes procedentes de Corea, decenas de puntas de bisarma o cabezas de alabarda se ocultaban bajo tierra, evocando una ofrenda ritual a los poderes ctónicos. Solo en el sitio Kōjindani se encontraron 16 alabardas de bronce, 358 espadas y 6 campanas dōtaku.

En la historia cosmogónica, los padres del mundo, Izanagi e Izanami, recibieron de los dioses supremos la preciada alabarda celeste, que sumergieron en el océano primordial para crear así la primera isla. Además de las evidentes connotaciones sexuales de este utensilio, los teólogos posmedievales veían en él el símbolo de los arcanos de la tierra y el metal: el metal de la punta es la condensación sublimada de las joyas que lo decoran (imágenes de la tierra). Pero el simbolismo de la alabarda puede deslizarse hacia el terreno de la política (y la sabiduría mágica). Así, cuando el señor del país, Ohokuninushi, cedió sus dominios a los enviados celestiales, también les entregó el emblema de su control sobre la tierra, la «alabarda ancha» (*hirohoko*) que le había permitido unificar el país: «Si el augusto descendiente de los dioses celestiales utiliza esta alabarda, conseguirá sin duda pacificar el mundo y establecer en él su reinado» (*N.*, «NKBT», vol. 67). El uso votivo de esta arma-símbolo también se evoca en nuestros mitos. Cuando el emperador Sujin instituyó diversos cultos para poner fin a las calamidades que afligían al país, decidió (a raíz de un consejo recibido en un sueño) ofrecer ocho escudos rojos y ocho alabardas rojas al dios de Sumizaka, y ocho escudos negros acompañados de ocho alabardas negras al dios de Ohosaka.

HANIWA

La abolición de los sacrificios

Probablemente derivado de los antiguos receptáculos donde se presentaban las ofrendas, el *haniwa* era originalmente un simple cilindro (*wa*) de arcilla (*hani*) que se colocaba en el perímetro de los grandes túmulos funerarios del periodo Kofun para marcar sus límites. Progresivamente, la parte superior de estos cilindros fue decorándose con figuras que representaban a las distintas clases sociales de la época (guerreros, chamanes, músicos, etc.), ciertos elementos del entorno vital (casas, barcos), animales (caballos, pájaros) y figuras que evocaban a los participantes en los funerales reales (plañideras, etc.).

Una anécdota que data del año 28.º del reinado del emperador Suinin (reflejada en el *Nihon shoki*, año 28.º, invierno, mes 11.º), que no ha sido confirmada por ningún hallazgo arqueológico, explica que los funerales de los antiguos soberanos iban acompañados de un «sacrificio colectivo de acompañamiento»: los parientes del difunto eran enterrados vivos en las inmediaciones del túmulo real. Al oír agonizar a los sacrificados durante días (el texto parece indicar que los enterraban de pie hasta la cintura), el emperador Suinin se compadeció: «Resulta muy cruel obligar a la gente que has querido en vida a seguirte en la muerte.

Aunque es una costumbre antigua, ¿por qué perpetuarla si es nociva?». Tras consultar a sus ministros, el soberano promulgó un decreto que sustituía los sacrificios por figuras de terracota (*haniwa*), cuya fabricación encomendó al gremio de alfareros (*hanibe*).

HASHIRA
El pilar de los dioses

Así como nosotros hablamos de «dos *hojas* de papel» o «tres *cabezas* de ganado», en japonés se impone —de forma aún más sistemática— la clasificación de todos los objetos contabilizados en categorías específicas (objetos planos, objetos largos, edificios, animales pequeños, ganado grande, seres humanos, etc.). De esta manera, para los dioses, que no escapan a esta regla, se aplica una intrigante partícula de clasificación al cuantificarlos: la palabra *hashira*, que significa «pilar» o «columna». Las genealogías enumeran «dos *pilares* de deidades» (*futa* hashira *no kami*), «tres *pilares* de deidades» (*mi* hashira *no kami*), etc.

Todo parece indicar que, durante la época arcaica, los troncos toscamente tallados, a la manera de los *xoana* griegos, se consideraban imágenes de los dioses o, más exactamente —porque la religión antigua era decididamente anicónica—, el medio para la manifestación de su espíritu, que se invocaba mientras duraba un ritual. De forma similar, un pilar simbólico colocado bajo el suelo del edificio se considera, en la arquitectura religiosa, una concentración de sacralidad: en Ise, este poste con forma de tronco se conoce como «*shin no mihashira*» (augusto pilar del corazón).

HAYATO
Los bárbaros del sudeste

Este término, que no sabemos si se refiere a una etnia austronesia subyugada por los señores de Yamato en los albores de la historia o, más simplemente, a una rama meridional del pueblo japonés, aparece con frecuencia en textos mitológicos e históricos para designar a los habitantes de la región de Hyūga (costa sureste de la isla de Kyūshū). Los hayato se presentan como descendientes de Hoderi, el hermano mayor del antepasado de la línea imperial, Howori. Cuando Hoderi fue derrotado por su hermano menor, que había hecho buen uso de las ayudas mágicas que le habían otorgado las deidades marinas, aceptó servir al triunfante para salvar su vida, sellando así la sumisión de su pueblo. Desde entonces, sus descendientes estarían destinados a custodiar el palacio o escoltar al soberano. Los *Anales de Japón* nos recuerdan que, cuando un nuevo emperador ascendía al trono, los hayato eran convocados a menudo a la corte para renovar su lealtad y pagar tributo, y que a veces eran recompensados con una gran fiesta (Kinmei 1.ᵉʳ año, 3.ᵉʳ mes; Saimei 1.ᵉʳ año). La crónica del reinado de Tenmu (11.º año, 7.º mes) menciona incluso una competición de lucha organizada en la corte entre dos grupos diferentes de hayato. A menudo se asocia a los hayato con otro pueblo del noreste del archipiélago, los emishi (véase este término en páginas anteriores), con los que forman una especie de pareja antitética. El significado de los dos sinogramas utilizados para representar la palabra «hayato» revela una segunda simbolización fuertemente marcada por la emblemática china: el pájaro, el sur y el color bermellón (el color de los escudos Hayato) son tres clasemas estrechamente vinculados en el sistema de correspondencia tabular de las cinco fases.

HINAGAHIME
La mujer serpiente

El mito de Homuchiwake explica que el príncipe se unió a una misteriosa mujer llamada Hinagahime, nombre que, por su homofonía con el del río Hi, sugiere su función de diosa de las aguas. El príncipe, demasiado curioso, descubrió la identidad secreta de su compañera de una noche: tenía forma de serpiente, lo que confirmaba su condición de espíritu del agua. Ante este terrible descubrimiento, salió despavorido; en ese mismo instante, la mujer serpiente, *iluminando las aguas*, emprendió su persecución. Consiguió escapar *in extremis* al franquear el paso que separaba los países del Oeste de las llanuras de Yamato. Este episodio, que presenta el clásico escenario de la «mujer sobrenatural», sirve para confirmar la dimensión teriomórfica de las criaturas que habitaban Izumo y permite establecer una nueva relación religiosa con el más allá, desde entonces codificada y mediatizada. El emperador, en efecto, formalizó los cultos a raíz de las desventuras de su hijo.

HIRUKO
¿Engendro o hijo del sol?

Cuando los dioses Izanagi e Izanami pisaron la isla que habían creado en medio del océano primordial, erigieron un gran pilar (*Ame no Mihashira*) en torno al cual giraron, en direcciones opuestas, para escenificar su encuentro y formalizar su unión. Lograron entonces lo que los japoneses arcaicos llaman «la unión de las miradas» (*mito no maguhai*): los padres del mundo pasaron de ser hermano y hermana a convertirse en marido y mujer. La diosa pronto dio a luz a una criatura deforme llamada Hiruko, un término representado con dos sinogramas que parecen significar «niño-sanguijuela». Se consideró claramente un fracaso, ya que pronto se le dejó en un esquife construido a base de juncos y se le abandonó a su suerte en el agua. Es más, no figura en el linaje oficial de nuestros dos dioses. Una variante del *Nihon shoki*, más detallada que el texto del *Kojiki*, parece confirmar la deformidad de este ser: «Ya a los tres años era incapaz de mantenerse erguido, así que sus padres lo colocaron en la nave del alcanforero del cielo y lo abandonaron a merced de los vientos».

La razón de este fracaso se presta a múltiples interpretaciones: el estrato erudito de nuestros textos, sin duda influido por la ideología china, atribuye la enfermedad del niño al error que comete la diosa al tomar la iniciativa. Era el dios y no su acompañante quien, durante el giro, debía ser el primero en pronunciar la fórmula ritual: «¡Ah! ¡Qué hermosa jovencita!». Y, en efecto, cuando los dioses celestiales señalaron a los padres el error cometido en el ritual, estos repitieron el giro, ahora sí de la manera adecuada, y engendraron hijos normales. Pero la comparación con las mitologías vecinas (Taiwán, minorías étnicas del sur de China) sugiere un estrato más antiguo: el primogénito, en todas estas tradiciones, es inevitablemente un «esbozo de ser». A veces es el antepasado de los animales acuáticos (fue abandonado en el agua) o de los crustáceos (camina torcido). Otras versiones lo describen como una especie de bola informe de carne que su padre tiene que descuartizar para producir seres completos. Numerosos mitos del sur de China explican la imperfección del engendro a raíz del incesto cometido por los padres, que a menudo son los únicos supervivientes del diluvio universal. Solo una unión «formalizada» o mediatizada permitirá evitar los efectos desastrosos de la endogamia.

Sin embargo, algunos especialistas japoneses consideran que el significado de «niño sanguijuela» es una acepción parásita resultante del rebuscado efecto que provoca el uso del sinograma de la sanguijuela: para ellos, el elemento «hiru» (que forma parte del nombre Hiruko) debe interpretarse fonéticamente y no gráficamente: significa «día», «sol», lo que confiere al nombre del joven dios el valor de «hijo del sol». Este término sería entonces el equivalente masculino del conocido compuesto utilizado para designar a la diosa del Sol o a una sacerdotisa consagrada a su culto, «Hirume». El abandono en un esquife de juncos sería un tenue recuerdo del mitema de la barca solar.

A pesar de su falta de profundidad ontológica (y funcional), Hiruko disfrutó de una segunda vida en la mitología sincrética de la Edad Media, donde se le asoció con Ebisu, uno de los siete dioses de la felicidad.

HOLOTURIA
El infortunio del cohombro de mar

Un día, la diosa Ame no Uzume no mikoto decidió convocar a todos los peces del mar, *tanto los de aleta grande como los de aleta pequeña*, y les preguntó: «¿Estáis dispuestos a servir al augusto hijo de las divinidades celestiales?». Con este eufemismo se refería, por supuesto, a que el género acuático era invitado a convertirse en *objeto* de servicio en la mesa imperial. Todos los peces respondieron favorablemente, salvo el cohombro de mar, que permaneció en silencio. Ame no Uzume exclamó entonces: «Esa boca tuya, ¿acaso es incapaz de contestar?» (*K.*, «NKBT», vol. 1). Y con una daga que llevaba, la diosa le cortó la boca. Por eso, hasta hoy la boca del cohombro de mar está hendida.

HOMUCHIWAKE, UNA FIGURA ENIGMÁTICA
La infancia

Sus defectos y su trágico destino hacen del príncipe Homuchiwake una de las figuras más enigmáticas de toda la galería de retratos que nos ofrece la mitología japonesa. Marcado desde el principio por una condición genealógica ambigua (¿es hijo del emperador Suinin o de su tío materno Sahobiko?), este niño discapacitado nacido en el incendio de una fortaleza tras una conjura planeada por su madre y su tío, y príncipe heredero que nunca ascendió al trono, ocupa sin embargo, en una última paradoja, la mayor parte del material narrativo del reinado del emperador Suinin.

Homuchiwake vino al mundo bajo malos auspicios: incluso si asumimos que su nacimiento entre las llamas es una ordalía destinada a demostrar la legitimidad de su ascendencia, la posibilidad de que sea fruto de una unión incestuosa sigue planeando sobre todo el texto. Se le presenta como un niño con discapacidad intelectual. Le construyen una canoa de madera de criptomeria y lo entretienen llevándolo a navegar por los estanques de Yamato. Este detalle, que evoca un parentesco secreto con las divinidades del agua y presagia el resto de sus aventuras, cobra sentido pleno si lo com-

paramos con la variante del mito de Ajisukitakahikone
que ofrece el *Fudoki* de Izumo: su padre, gran señor
de la tierra, ofreció al niño dios un recorrido marítimo
por las ochenta islas, lo que equivale a tomar posesión
del territorio. El retraso en el desarrollo del príncipe se
agrava con una discapacidad aún más invalidante: «El
príncipe seguía sin pronunciar palabra, pese a que su
barba de ocho palmos le llegaba ya hasta el pecho» (*K.*,
«NKBT», vol. 1). Esta fórmula estereotipada basta
para establecer una evidente correlación con los dioses
Susanowo y su nieto Ajisukitakahikone, cuya inmadurez se describe con la misma expresión.

HOMUCHIWAKE, UN PRÍNCIPE MUDO

En busca de la palabra

El príncipe emite su primer balbuceo inarticulado cuando oye el graznido de un ave blanca que volaba sobre él. Esta imagen nos remite, por supuesto, a la metáfora tradicional del alma. El emperador ordena entonces a un cazador (cuyo nombre recuerda al de un halcón, *taka*) que capture a ese espíritu alado. La persecución, que va acompañada de todo un repertorio de topónimos, lleva al cazador por gran parte del territorio imperial. Finalmente atrapada con una red, el ave se llevó a la corte y se presentó ante el príncipe mudo. Este hace el intento de hablar, pero finalmente es incapaz de pronunciar una sola palabra. Sin embargo, según el *Nihon shoki*, la presentación del ave-alma fue suficiente para curar la afasia del príncipe.

HOMUCHIWAKE, ¿MALDITO?

La maldición del gran dios de Izumo

El soberano, desesperado por este fracaso, entra en la fase onírica para comunicarse con los dioses y recibir instrucciones precisas. Un kami anónimo le dice entonces: «Si me construyes un santuario en tu palacio, tu hijo hablará con toda certeza» (*K.*, «NKBT», vol. 1). Esta primera respuesta debe confirmarse por medio de una gran consulta adivinatoria (recurriendo a la osteomancia), que es la única técnica que revelará la identidad del dios que se siente olvidado: se descubre entonces que se trata de una maldición impuesta por la gran deidad de Izumo (Ohonamochi, *alias* Ohokuninushi no kami). El soberano decide enviar al príncipe a Izumo para adorar al dios furioso. Se recurre a una compleja serie de procedimientos adivinatorios y pruebas mágicas para seleccionar a los escoltas del príncipe y determinar la ruta que seguirán. Todo esfuerzo es poco para tratar de garantizar el éxito de la peregrinación.

CURACIÓN DE HOMUCHIWAKE
¿Viaje o iniciación?

El príncipe y sus compañeros de expedición llegan a la tierra de Izumo, donde rinden culto al gran dios y luego, de regreso, se detienen en el río Hi, donde erigen un palacio provisional. Un antepasado del clan de los gobernadores de Izumo confecciona entonces un altar con ramas, que deposita en el río para que flote en la dirección de la corriente. Cuando el príncipe, en el momento en que le sirven los alimentos, ve el altar flotante, pronuncia por primera vez una frase compleja, que no es sino la descripción del rito que realizan los servidores de la deidad de Izumo. Los criados del príncipe envían inmediatamente emisarios a la corte para comunicar al emperador la noticia de la curación milagrosa. Al conocer la noticia de que su hijo ha recuperado la capacidad de hablar, el emperador cumple la promesa que hizo al dios de Izumo erigiendo en su honor un imponente santuario.

ISLAS

Su naturaleza secreta

Tras corregir su fracaso inicial, Izanagi e Izanami emprenden la creación de las islas del archipiélago japonés. Esta génesis tiene lugar en dos etapas: primero, las ocho islas principales (lo que explica uno de los antiguos nombres de Japón, «el gran país de las ocho islas» [Oho]yashimakuni), seguidas de seis islas secundarias. Lo primero que hay que señalar es que esta serie, que ignora por completo el norte de lo que hoy es Japón, refleja una geografía centrada en el mar interior (el corazón tradicional del país) y se centra en las rutas marítimas que unen el archipiélago con el continente.

Ahora bien, estas islas pueden percibirse desde una doble óptica. Ante todo, son entidades geográfica y políticamente definidas: las divisiones sugeridas por nuestros mitos reflejan el estado del desarrollo territorial temprano del imperio emergente. El término «*omo*» (representado gráficamente con el sinograma del rostro), utilizado para designar subdivisiones insulares, tiene una connotación administrativa precisa (nos remite al coreano *myon*).

Pero es fundamental subrayar que estos territorios son al mismo tiempo dioses, y este es el sentido de la doble nomenclatura que los identifica. La isla meridional de Kyūshū recibe el nombre de Tsukushi como territorio, pero el nombre más reservado de Shirahiwake revela su identidad divina. Este concepto arcaico de la sacralidad del territorio se refundaría y ampliaría por la ideología teológico-política de la Edad Media y los siglos siguientes, que generalizará la noción de «país divino» (*shinkoku, mikuni*).

INICIACIÓN SEXUAL
Entre la animalidad y la anatomía

Nacidos por generación espontánea tras una larga serie de dioses sin forma y célibes, Izanagi e Izanami eran hermanos antes de contraer matrimonio. Su condición de pareja primordial explica su completa ignorancia en materia sexual: en la época de los grandes comienzos, todo hay que inventarlo. Una versión del *Nihon shoki* atribuye su iniciación a un pájaro, concretamente una lavandera: los sugerentes movimientos del ave enseñaron a la pareja el camino hacia la unión, como queda además patente en el nombre vernáculo de esta especie (*niwakunaburi* remite a su larga y característica cola siempre en movimiento). En el mundo griego, la lavandera era el ave favorita de Afrodita. El folclore del sudeste asiático, por su parte, es muy explícito al respecto, pues invoca las dotes pedagógicas de casi todos los animales de la creación para enseñar el rito sexual a los primeros hombres: los ami de Taiwán hablan de una lavandera, entre los tayal, la función educativa la asume una mosca (o varias); entre los yami, es una cabra, etcétera.

La versión que ofrece el *Kojiki* pasa por alto el motivo de la iniciación animal y lo sustituye por la escena (funcionalmente equivalente) de la comparación de anatomías: el dios observa que «le sobra» una parte de su cuerpo, mientras que a la diosa esa misma parte «le falta». Propone entonces a su compañera cubrir la parte que le falta con la parte que a él le sobra. Esta última versión lleva la marca de una sobredeterminación por las teorías chinas del *yin* y el *yang*.

IZANAGI E IZANAMI
Los padres del mundo

Aunque no son, *stricto sensu*, los primeros dioses de la teogonía japonesa (les preceden una serie de entidades diáfanas, nacidas antes de la formación del mundo), Izanagi e Izanami representan, por su fuerte presencia física y la importancia de su gesto fundador, el verdadero comienzo de la mitología. Su nombre, que finaliza con un marcador de género (*-gi* es un sufijo masculino, *-mi* su equivalente femenino), contiene un lexema que parece referirse a la interjección incitadora *iza* («¡vamos!») y al verbo *izanau* («invitar, incitar, atraer»), una posible alusión al contenido erótico de la fórmula ritual que compartieron los dos dioses en su boda. Pero no se puede descartar la posibilidad de un juego fonético a *posteriori*.

Enviados por los dioses celestiales para «consolidar y reparar» la tierra que aún flotaba, crearon la primera isla y en ella se establecieron para celebrar su ceremonia nupcial antes de generar una doble serie de deidades: los kamis de las islas y los kamis de la naturaleza. Hermano y hermana, nuestros dos dioses cometen incesto para poblar el archipiélago, y los acontecimientos que los unen proporcionan una matriz narrativa que se repetirá, en modo menor, en los desarrollos posteriores de nuestras historias. Padres del mundo (*Welteltern*, como decían los mitólogos alemanes), son los pivotes de la teogonía, porque marcan el límite entre las generaciones espontáneas (de las que son el último ejemplo) y la serie de nacimientos (que inauguran). Operadores del paso del singular al plural —si bien los dioses primordiales son mónadas, son una pareja incestuosa que pasa de la identidad a la complementariedad antes de descubrir su diferencia irremediable—, se prestan fácilmente al trabajo de desarrollo teórico iniciado por los teólogos medievales: vemos en nuestra pareja el momento de inflexión de lo nouménico hacia lo fenoménico, o incluso el deslizamiento de la forma virtual del binomio del *yin* y el *yang* hacia su forma manifestada. Esta cuádruple conjunción de motivos (el océano primordial o el diluvio, el incesto, los primeros fracasos, el nacimiento de los seres) acerca el mito japonés a una constelación de relatos de los que hay constancia en las tradiciones orales de muchas minorías étnicas del sudeste asiático.

IZANAMI

La contemplación fatal

En la mitología japonesa, el mito de Izanagi e Izanami es la matriz de la prohibición de la contemplación. Aunque esta historia recuerda en líneas generales al drama de Orfeo y Eurídice (con el que sin duda guarda relación), su significado y función etiológica son menos anecdóticos, o al menos más comprensibles que en el mito griego.

Orfeo perdió a Eurídice para siempre por girarse hacia ella, a pesar de haber sido advertido de las consecuencias de tal acto. Izanagi, al entrar en la tierra de las tinieblas y romper el tabú de la mirada, hace un descubrimiento que tiene una dimensión ontológica. Al principio, parece que solamente ve la carne en descomposición repleta de gusanos de la difunta, pero el mito traduce simultáneamente esta percepción realista a un registro simbólico: el cuerpo de Izanami está cubierto de dragones (las ocho deidades de los truenos), lo que significa, en la lógica del mito, que está alumbrando monstruos, traicionando su naturaleza de deidad ctónica y señora de la muerte. O, para ser más precisos, fue la mirada indiscreta del marido la que transformó a la primera difunta en diosa de la muerte, y el mito lee este dramático error *a posteriori* como la revelación de una esencia. Izanami ordena primero a las espantosas hembras del inframundo que salgan en búsqueda del intruso, antes de unirse ella misma a la persecución. Al fracasar en su intento de engullir la vida, decreta el origen de la muerte en el mundo y cierra la frontera entre el dominio de los hombres y el país de las tinieblas.

VASIJAS CEREMONIALES
Los múltiples usos de la cerámica

La antigüedad de la cerámica japonesa (que se remonta al umbral del periodo Jōmon, en el undécimo milenio antes de nuestra era) y la impresionante variedad de sus formas han permitido a los arqueólogos establecer tipologías coherentes y sugerir que sus usos prácticos siempre han estado complementados por usos simbólicos: así ocurría ya con las vasijas «vistosamente decoradas» del Jōmon Medio, que evidentemente no se habrían utilizado únicamente como objetos contenedores. Para los periodos posteriores que nos ocupan, sabemos que las vasijas ceremoniales se enterraban con frecuencia en los márgenes de un territorio, ya fuera para contener las ofrendas a los dioses de las fronteras o para marcar simbólicamente el contorno de un espacio definido. Durante el reinado del emperador Sujin, en una expedición militar contra los rebeldes, las tropas imperiales «introdujeron vasijas ceremoniales en el paso de Wanizaka antes de emprender el viaje de regreso» (*K.*, «NKBT», vol. 1). Como las funciones simbólicas suelen ser polimórficas, las vasijas también pueden utilizarse como instrumentos adivinatorios o clerománticos. La crónica de Jinmu (en la versión del *Nihon shoki*) relata que el futuro soberano, aún inseguro del resultado de su expedición, quiso saber que le

deparaiía el destino y para ello recurrió a una fórmula
original. «Voy a sumergir las vasijas sagradas en el río
Nihu. Si los peces, grandes y pequeños, se embriagan
y se dejan llevar por la corriente, [...] significará que
tendré éxito en mi empeño de fundar el país» (*N.*,
«NKBT», vol. 67).

JINMU, LOS ORÍGENES
El Remo japonés

Considerado tradicionalmente el primer soberano del país, Jinmu desempeña el mismo papel que Remo en el imaginario romano. En el umbral de la era moderna, los ideólogos del sintoísmo estatal fijaron el aniversario de su ascenso al trono (660 a. C.) y lo convirtieron en día festivo (*kigen setsu*). No solo se trata de una fecha ficticia, sino que no hay pruebas fácticas que sugieran que este «emperador» sea una figura histórica, y el rico simbolismo de su gesta confirma que estamos ante un mito fundacional hábilmente construido. De hecho, la crónica de Jinmu está además tan caracterizada que sirve de paradigma para relatos posteriores. El ciclo de las aventuras de Yamatotakeru (bajo el reinado de Keikō) retoma las mismas peripecias con un geometrismo que no obedece al azar: en ambos casos, hay una expedición contra los bárbaros, el sacrificio de un ser querido para salvar la misión, el encuentro con animales malignos que sumen al héroe en una especie de letargo y la ayuda de los dioses celestiales (suficiente en un caso, ineficaz en el segundo).

Jinmu (cuyo «nombre verdadero» es Kamuyamato iwarebiko no mikoto) es el cuarto hijo de Amatsuhiko-hikonagisatake ugayafukiahezu no mikoto: este último, nacido en una cabaña cuyo techo estaba cubierto de plumas de cormorán, es hijo del príncipe celestial Howori y de la diosa del mar Toyotamahime y se casó con su tía cuando su madre decidió regresar al océano tras la indiscreción de su celestial esposo. Jinmu debe su existencia tanto a la exogamia extrema (una unión entre el cielo y el mar) como a la endogamia superlativa (su padre se casó con la hermana de su madre, que sería quien le criase). En un escenario que se repite con frecuencia en nuestros mitos, los hermanos del futuro emperador desaparecen como por arte de magia para dejar al hermano menor al mando: el segundo y el tercero se arrojan al mar (para volver al país de su madre), mientras que el mayor sucumbe a sus heridas durante una batalla con los nativos.

JINMU, EL PACIFICADOR

En busca de la tierra prometida

La gran empresa de Jinmu es la expedición, mitad marítima, mitad terrestre, que le lleva desde el suroeste del archipiélago (el lugar donde su abuelo descendió a la tierra) hasta la cuna del futuro imperio, Yamato, situada en el centro de la isla principal. A cada paso del camino, lucha victoriosamente contra sus enemigos (nativos, potentados rebeldes, etc.). Pero al alcanzar las montañas de Kumano, en la tierra del Ki (una metáfora del más allá y última barrera antes de Yamato), se topa con obstáculos más serios.

Los autóctonos son correosos, las marcas del itinerario se pierden y aparece un oso misterioso que sume al héroe y a su ejército en un sueño maligno. Los dioses del cielo deciden rescatar a su descendiente para que pueda llevar a cabo su misión. Se le aparecen en sueños para revelarle que han conseguido que la espada mágica del dios guerrero Takemikazuchi descienda a la tierra. La mera aparición de esta inesperada ayuda basta para derrotar al enemigo. Amaterasu envía entonces un gran cuervo para guiar al héroe perdido a la tierra prometida. Aún halló una resistencia residual, pero un dios descendido del cielo, antepasado del clan guerrero Mononobe, acudió en su ayuda.

Una vez concluida su labor de pacificación, Jinmu instaló su palacio cerca del monte Unebi, en el corazón de Yamato. El final de su crónica lo copan su matrimonio y las rivalidades entre sus sucesores.

JINGŪ

La conquistadora

La emperatriz Jingū (Okinagatarashihime no mikoto) es el personaje femenino más ilustre de la mitología japonesa, después de la diosa del Sol, con la que comparte muchos rasgos. Al igual que Amaterasu, es una figura compleja, pues presenta diferentes atributos: madre protectora, guerrera y chamana. La gran diosa brinda además sus favores a la emperatriz, a quien aconseja, del mismo modo que Atenea apoya a sus héroes favoritos. Ascendida a emperatriz por su matrimonio con el emperador Chūai (siendo, pues, únicamente emperatriz consorte), asumió el mando en el momento en que su esposo evidenciaba su incompetencia y, sobre todo, su sacrílega impiedad.

Durante una expedición militar contra los kumaso en la isla meridional de Tsukushi (Kyūshū), el soberano organiza una sesión de citaromancia para intentar comunicarse con los dioses y sondear su voluntad. Al mismo tiempo, Jingū se le adelanta utilizando un procedimiento ritual más directo y eficaz. Entra en trance y recibe instrucciones de la deidad a la que se invoca: «En el oeste se halla un país donde hay tesoros, como oro y plata, en tal abundancia que su esplendor te cegará la vista. Yo te daré ese reino». Esta alusión a Corea puede explicarse por el hecho de que, a lo largo del periodo protohistórico, los potentados del sudoeste de Japón mantuvieron estrechas relaciones con uno u otro de los reinos coreanos, dando a veces la espalda al rey de Yamato. Seguramente uno de los objetivos perseguidos por la expedición imperial era quebrar este tipo de alianza.

Chūai rebate la veracidad de estas palabras divinas, señalando prosaicamente que el horizonte marino percibido desde las alturas de Tsukushi no revela tierra alguna. Esta duda sacrílega irrita a la divinidad, que pronuncia una terrible maldición: «Este reino no es para que tú lo gobiernes. ¡Sigue el único camino posible!». En ese mismo momento, Chūai dejó de rasgar las cuerdas de su cítara y exhaló su último suspiro. Ante esta catástrofe, se organizó un gran exorcismo para apaciguar al espíritu ofendido. Se llevaron a cabo investigaciones en todo el país para identificar los casos de violación de tabúes celestiales y terrestres (profanación de arrozales, desollamiento de animales vivos, incesto, uniones con bestias). Se preguntó entonces a los dioses, que respondieron que el país debía ser gobernado por el niño que la emperatriz llevaba en su vientre. Los interlocutores divinos revelaron entonces su identidad: se trataba de Amaterasu y las tres deidades del mar (veneradas por el clan Azumi, que gestionaba las comunicaciones marítimas con el continente). Jingū reunió una flota e «instaló a los dioses del mar en la proa de su barco» (*K.*,

«NKBT», vol. 1). Mientras cruzaban el océano, todos los peces del mar, *tanto los de aleta grande como los de aleta pequeña*, cargaron los barcos sobre sus espaldas. El rey de Silla, impresionado por esta demostración de fuerza, se rindió de inmediato, prometiendo pagar a Yamato un tributo regular.

Esta narración como de cuento que figura en el *Kojiki* contrasta con la versión más realista y técnica del *Nihon shoki*, que deja entrever la complejidad de las relaciones entre Japón y Corea tras el establecimiento de una comandancia en el sur de la península: el rey de Silla es asesinado por la emperatriz y se le niega sepultura. Jingū emprende entonces el camino de regreso y, para retrasar el nacimiento de su hijo, se ata un cinturón de piedras alrededor de la barriga. Al llegar, alumbra al príncipe imperial Homudawake no mikoto (el futuro emperador Ōjin). Intuyendo posibles revueltas, pues aún no se había designado sucesor para Chūai, decora su nave como si de una barcaza funeraria se tratara, para simular la muerte del recién nacido, y oculta en ella un destacamento de guerreros de élite. Uno a uno, los rebeldes son abatidos.

El príncipe se somete a una purificación ritual tras estas sangrientas batallas (y sin duda también por la mácula que suponía su identificación con un muerto) y recibe el espaldarazo de un dios que intercambia su nombre con el suyo.

Algunos ideólogos nacionalistas de finales del siglo XIX y principios del XX aprovecharon la figura conquistadora de Jingū para tomarla como emblema de las ambiciones imperiales del nuevo Japón.

KAGUTSUCHI
Vida y muerte del dios del fuego

Tras alumbrar las ocho grandes islas de Japón y todos
los kami de la naturaleza, Izanami da a luz al dios del
fuego, Kagutsuchi no kami. Pero, al traer al mundo a
este último, la diosa sufre terribles quemaduras en su
cuerpo y muere, no sin antes expulsar de su cuerpo a las
deidades de los metales y la arcilla, como para recordarnos que la alfarería y la metalurgia son, en efecto, dos
artes del fuego. Izanagi, desesperado, se lamenta sobre el
cadáver de su hermana-esposa, y luego da rienda suelta a
su furia masacrando al recién nacido, al que corta en pedazos. Al salpicar la sangre las piedras que por allí había,
nacen un total de ocho deidades del fuego, el agua y
las rocas. Esta escenificación sacrificial del origen de la
metalurgia es fácil de descifrar: es preciso acabar con el
fuego violento para permitir el uso humano del fuego
pacificado, que requiere la intervención de las rocas, el
agua y el fuego. El representante de la función guerrera
Takemikazuchi no kami, conocido como la deidad de
la espada, es uno de los hijos más ilustres de la primera
parte de esta sangrienta genealogía: a menudo desempe-
ñará el papel de emisario de los dioses celestiales cuando
se trate de domar a los señores rebeldes del país.

En esta primera genealogía se inserta una segunda,
pues las distintas partes del cadáver se transforman en

ocho deidades de las montañas. ¿Cuál es el motivo de esta duplicación? Una serie de pistas, entresacadas de las variantes del *Nihon shoki*, sugieren una similitud entre el primogénito (el engendro Hiruko) y el último hijo (Kagutsuchi) de los padres del mundo: ambos son rechazados, abandonados, excluidos de la genealogía... Estos no-hijos parecen corresponder al esbozo del ser que, en los mitos del sudeste asiático, es cortado en pedazos para dar origen a la humanidad. Es sin duda el rastro fósil de este mito arcaico lo que explica la presencia de una segunda genealogía.

Algunos especialistas japoneses han visto en este mito una alusión a una erupción volcánica, mientras que otros lo han interpretado como una historia del origen de la quema dirigida (el fuego quema a la madre tierra).

ALAIN ROCHER

KAGUYAMA
La montaña sagrada

Situado en la llanura de Yamato, el monte Kagu (*Ama no Kaguyama*) es una de las principales montañas sagradas del antiguo Japón. Especie de ónfalo natural, supuestamente se formó por la caída de un trozo de tierra desde su prototipo celestial, como el monte Ame no Yama en la provincia de Iyo. En el umbral del nuevo año (o al comienzo de su reinado), el soberano realizaba un ascenso ritual al monte Kagu, como podemos adivinar en el segundo poema de la famosa *Colección de las diez mil hojas* (*Man. yō-shū*, de mediados del siglo VIII). Desde esta loma, realizaba lo que en japonés se conoce como un *kunimi* (contemplación del país), girándose hacia las distintas orientaciones y nombrando solemnemente las regiones de su reino. El significado de este acto simbólico no se limita a una confirmación banal de los derechos del soberano sobre el territorio: puede verse como la escenificación de una antigua ceremonia agraria. Sabemos que los nombres antiguos del país son conjuros mágicos cargados de connotaciones agrarias (la fértil tierra de las mil espigas, por ejemplo) que funcionan como plegarias performativas. Aunque también puede interpretarse de forma más proactiva (sin negar los significados originales) como una metáfora de la creación del mundo. Al nombrar los espacios, el soberano da vida al patrimonio real y garantiza su carácter perenne.

El monte Kagu también se consideraba la condensación más pura de materia-energía de todo el espacio y la metonimia del imperio: nuestros textos antiguos utilizan la expresión *monozane* para confirmar que se trata literalmente de la *semilla* de todo el país. Una alusión en la crónica de Jinmu parece dar a entender que quien consiguiera un puñado de tierra de la montaña sagrada podría hacerse con el poder y ascender al trono. Además, los platos y vasijas dedicados a los dioses se fabricaban a menudo con arcilla de Kaguyama. Los animales, plantas y materias primas de la famosa montaña también se utilizaban en numerosos rituales de exorcismo, encantación y adivinación.

KUMASO

Los osos agresores

Al igual que ocurre con los hayato, no se sabe si el término kumaso es un etnónimo o simplemente una metáfora de los japoneses que viven en la parte centro-occidental de la isla de Kyūshū. A menudo se les presenta como pueblos que se resisten a la autoridad central y a los que los ejércitos imperiales tienen que someter regularmente. El héroe epónimo de Japón (el Poderoso de Yamato) obtiene su título masacrando al líder de los kumaso, Kumasotakeru: el bárbaro moribundo reconoce la superioridad del príncipe y le transmite el título de «poderoso» (*takeru*). Los textos les atribuyen todos los emblemas de la autoctonía: al igual que los Tsuchigumo (véase este término en la pág. 198), viven en casas colectivas semienterradas, que recuerdan a las viviendas del hombre prehistórico del periodo Jōmon (10000-600 a. C.).

Los textos protohistóricos aún los mencionan, ya que una de sus revueltas sucede durante el reinado de Chūai. Su nombre tiene sin duda un origen toponímico (el río Kuma y la región que coincide con su cuenca dieron nombre a la ciudad-castillo de Kumamoto), pero los dos sinogramas utilizados en el *Kojiki* para deletrearlo (oso-agresor) son algo más que un juego de palabras fonético: llevan la marca del sistema chino de correspondencias.

En la tabla correlativa de las cinco fases, que relaciona las cinco fases con los cinco sabores, los cinco órganos, las cinco orientaciones, los cinco colores, los cinco animales emblemáticos, etc., los animales peludos están asociados al oeste.

ALAIN ROCHER

KUNI NO TOKOTACHI
¿Nacido de un brote de juncos?

Mientras que el *Kojiki* y ciertas variantes del *Nihon
shoki* hacen del señor del centro del cielo el primer
dios de la teogonía, el texto principal de esta última
obra propone un escenario completamente distinto,
ofreciendo este lugar introductorio a Kuni no tokotachi no mikoto («el augusto espíritu que permanece
eternamente [en el] país», o «el espíritu del país que
permanece eternamente»). La abstracción de esta entidad, que ya no interviene en el mito tras su fugaz nacimiento, ha llevado a algunos autores a reducirla a una
mera invención de los creadores de mitos de la corte.
Pero el antropólogo Obayashi Taryō sugirió que se
trataba de la última supervivencia de una cosmogonía
autónoma, basada en metáforas vegetales o germinati-
vas, que habría dado lugar al culto del gran árbol. De
hecho, Kuni no Tokotachi no nace de la nada, como
los demás kami: es el resultado de la transformación de
una entidad divina que brota de las aguas primordiales
a la manera de un brote de juncos (Umashiashikabihikoji no kami). Esta imagen concreta y realista, que parece reflejar el imaginario de un pueblo de campesinos,
contrasta con la visión vertical de los mitos politizados
que pretenden establecer la soberanía en abstracto. Una
cosa es cierta: los grandes teólogos sintoístas de la Edad

Media otorgaron a Kuni no Tokotachi un lugar central, desarrollando un cuasimonoteísmo en torno a él y teorizando tanto sobre su inexplicable origen (más allá de la forma) como sobre su copresencia en el mundo.

ALAIN ROCHER

ASESINATO DE LA DIOSA DE LA COMIDA
El nacimiento de la agricultura

Los mitos japoneses explican la transición de la alimentación natural (que se da originalmente al hombre) a la comida cultural (que debe adquirirse con trabajo duro) mediante el asesinato de la diosa de la comida. Pero acaban con la desafortunada divinidad de dos maneras muy distintas.

Según el *Kojiki*, Susanowo, el hermano menor de la diosa del Sol, se detiene en Ohogetsuhime no mikoto tras ser expulsado del cielo. La diosa le ofrece comida en un acto de generosidad. El indiscreto dios observa en secreto los preparativos culinarios de su anfitriona y descubre horrorizado que ella extrae toda la comida de su propio cuerpo, alimentándolo literalmente con sus excreciones. Ofendido, la asesina, y del cadáver de la diosa sacrificada nacen los siguientes productos: de la cabeza, gusanos de seda; de los ojos, simientes de arroz; de las orejas, mijo; de la nariz, alubias; de los genitales, trigo; y del recto, habas de soja. Es sin duda su larga historia como dios violento la que, por asimilación, contribuyó a atribuirle este nuevo crimen, aunque el episodio esté fuera de lugar en el contexto.

Por su parte, el *Nihon shoki*, que designa a la diosa de la comida con el nombre Ukemochi no kami, atribuye con más lógica la iniciativa de su asesinato a Tsukiyomi no mikoto (el dios de las lunaciones). A grandes rasgos, el escenario es el mismo, pero la correspondencia entre las partes del cuerpo y las plantas varía ligeramente: la cabeza da lugar al ganado mayor (vacas y caballos); la frente, al mijo; las cejas, a los gusanos de seda; los ojos, al panizo; el vientre, al arroz; y los genitales, al trigo y las judías.

Cabe señalar que Amaterasu (que parece muy cercana a la diosa de la comida, del mismo modo que el santuario exterior de Ise, dedicado a Ukemochi, está cerca del santuario interior, dedicado a Amaterasu) recoge el cadáver de la diosa y las plantas crecidas en él. Todo parece indicar que la señora de los cielos legitima el nuevo régimen cultural, otorgando su patrocinio a la agricultura, mientras que el tiempo (simbolizado por el dios de las lunaciones) era visto como un mal necesario que acompañaba a la civilización del trabajo.

ALAIN ROCHER

LA MUERTE DEL GRAN DRAGÓN

La espada y la serpiente

Tras cometer una serie de crímenes en el Altiplano del Cielo, Susanowo no mikoto fue condenado al exilio. Amputado de su poder maligno, habida cuenta que sus jueces le cortaron las uñas y la barba, el turbulento hermano de la diosa del Sol parece haber sufrido una metamorfosis: está maduro para emprender una carrera como héroe cultural. Viaja a la tierra de Izumo y, a orillas del río Hi, conoce a dos ancianos afligidos que le explicaron el motivo de su desesperación. El gran dragón de la tierra de Koshi (*yamata no worochi*) ya ha devorado a sus siete primeras hijas, y se acerca el momento de que los padres entreguen a su octava y última hija, Kushinadahime. El padre describe un monstruo que recuerda a una hidra gigantesca: «Sus ojos son rojos como cerezas, de su tronco salen ocho cabezas y ocho colas y la piel está recubierta de musgo, cipreses y pinos. La longitud de su cuerpo se extiende por ocho valles y ocho montañas. Y su vientre, cuando lo muestra, rezuma sangre y está hinchado» (*K.*, «NKBT», vol. 1). Susanowo promete ayudar a los dos ancianos a cambio de la mano de Kushinadahime. Entonces idea una táctica que parece más una treta ritual que una hazaña heroica. Transforma a la joven en una peineta que se coloca en su propio moño y luego pide a los padres que preparen un aguardiente (que fermente ocho veces) y levanten una valla en círculo con ocho puertas. Bastaría entonces con colocar ocho barriles de aguardiente en ocho plataformas frente a cada una de las ocho puertas. Entonces aparece el monstruo descrito por el anciano que, cayendo en la trampa de la falsa ofrenda, introduce las cabezas en los ocho barriles. Después, totalmente ebrio, cae en un profundo sueño. Susanowo desenvaina entonces su espada y despedaza a la serpiente. Pero cuando trata de cortar la cola central de la bestia, su arma se quiebra. Intrigado, abre el cuerpo y descubre en el interior una gran espada. Se hace con ella y se la entrega como obsequio a su hermana Amaterasu: este es el origen de Kusanagi no tsurugi, el segundo de los tres emblemas imperiales.

Estamos ante un escenario universal de sauroctonia bajo el cual encontramos una confluencia de diferentes significados tecnológicos, políticos y religiosos más típicamente japoneses. Las metáforas topográficas que enfatizan el tamaño del monstruo sugieren que guardaba relación con las colinas y su riqueza mineral: su cuerpo *es* literalmente la región de Koshi. Sabemos que esta provincia fue uno de los centros de la metalurgia: las espadas allí forjadas (tanto funcionales como rituales) gozaban de gran reputación, y a menudo se enterraban cientos de ellas en las estribaciones como ofrendas a los dioses. La espada y la serpiente están unidas por antiguos lazos simbólicos en las tradiciones japonesas, que a menudo dan al dios de la espada una forma ofidiana y lo asocian con el trueno. También hay que señalar que la devoración de vírgenes (o su matrimonio) es una metáfora aceptada para designar el servicio de jóvenes sacerdotisas consagradas al culto de un dios dragón. De hecho, no es casualidad que todas las *dramatis personae* lleven emblemas ofidios: los nombres de los padres (Ashinazuchi y Tenazuchi), que significan literalmente «espíritu sin brazos» y «espíritu sin piernas», evocan naturalmente cuerpos con forma de serpiente. Por último, el episodio condensa gráficamente la triple estructura de la soberanía (monstruo/arma/emblema de legitimidad): la *fuerza* bruta de la naturaleza es vencida por el *poder* del héroe terrenal (Susanowo), que a su vez es ensalzado (la espada es enviada hacia el cielo) para convertirse en *soberanía* abstracta (el emblema imperial).

MONTE MIWA
El extraño visitante nocturno

Situado en el corazón de Yamato, el monte Miwa
(o Mimoro) ha sido un importante centro de culto
desde tiempos inmemoriales. También es una de las
pocas montañas de Japón que ostenta la condición de
«cuerpo divino» (*shintai*), lo que la convierte en un
santuario por derecho propio donde se venera al dios
Ohomononushi (alónimo de Ohonamuji). Un linaje
sacerdotal local explica su estatus y sus funciones por
una hierogamia primordial contraída entre el dios-ser-
piente y una bella joven. Recordemos el trasfondo de
esta leyenda. El comienzo del reinado del emperador
Sujin estuvo marcado por terribles calamidades. El dios
Ohomononushi se le aparece al soberano en sueños y
le promete poner fin al caos si le rinde culto a través
de su sacerdote Ohotataneko. Este explica entonces el
origen divino de sus antepasados: una hermosa joven
llamada Ikutamayorihime, que recibía visitas noctur-
nas de un apuesto desconocido, pronto descubrió
que estaba embarazada. Cuando sus padres tuvieron
conocimiento de la noticia, le sugieren que pase un
hilo discretamente por el dobladillo de una prenda del
visitante para seguirlo y así descubrir de quién se trata.
Al día siguiente, constató que el hilo atravesaba la cerradura de la puerta (señal de la naturaleza ofidiana del

visitante) y conducía al monte Miwa (señal de su naturaleza divina). La variante que se ofrece en los *Anales de Japón* da un giro más trágico a la leyenda. El dios del monte Mimoro visita cada noche a Yamatototohimomosohime no mikoto, tía del emperador y reputada pitonisa. Cuando su compañera, que desconoce su aspecto, insiste en verlo, el visitante promete presentarse ante ella a la mañana siguiente en la caja de sus artículos de tocador. Cuando la entrometida abre la caja, descubre una pequeña serpiente y grita asustada. El dios, avergonzado y encolerizado, adopta forma humana y amenaza a su compañera: «¡No pudiste contenerte y me avergonzaste! ¡Yo también voy a avergonzarte!» (*N.*, «NKBT», vol. 67). Al pronunciar estas palabras, echó a volar en dirección al monte Mimoro. Yamatototohimomosohime, aturdida, se atravesó el bajo vientre con un palillo, dando lugar al nombre de Hashi haka, la tumba del palillo.

Estas historias forman la matriz de un tipo de relato conocido por los folcloristas como «cónyuge sobrenatural». El descubrimiento de la identidad divina del cónyuge puede tener consecuencias trágicas (muerte de la joven) o, por el contrario, beneficiosas (protección, estatus sacerdotal garantizado, ventajas diversas). Es preciso recordar también que en la religión tradicional japonesa se consideraba metafóricamente que la sacerdotisa de un dios era su esposa, una imagen que los relatos interpretan literalmente.

MÚSICA

Comunicarse con los dioses

Con un valor mágico o divino, la música desempeña un papel importante en nuestros mitos, pues es un medio privilegiado de comunicación con los dioses. Tanto los textos como las pruebas arqueológicas confirman la antigüedad de un instrumento en particular: el *koto*, una especie de cítara con una caja de resonancia larga y estrecha cuya parte superior está ligeramente abovedada y soporta puentes móviles para cada una de las cuerdas (5 o 6) tensadas a lo largo del instrumento. Su representación en algunos *haniwa* del periodo Kofun sugiere que estaba vinculado a rituales chamánicos o funerarios. En el mito del descenso de Ohokuninushi al inframundo, el joven dios, tras superar las pruebas que se le imponen, escapa del mundo oscuro secuestrando a la hija del señor del lugar y robándole un *koto*, que parece haber sido el emblema de sus poderes. En la faceta semi-histórica de nuestras colecciones (el segundo rollo del *Kojiki*, por ejemplo), el emperador Chūai muere sobre su *koto* durante una sesión de adivinación, sin duda por haberse negado a creer en el sueño de su esposa Jingū, que «veía» una tierra de abundancia, más allá de los mares, ofrecida a quienes quisieran apoderarse de ella. También sabemos que la combinación tambor-flauta se utiliza tradicionalmente en los santuarios sintoístas para invocar a los dioses.

Las funciones, los códigos y la organología de esta música arcaica deben distinguirse de la música cortesana (*gagaku*), importada de China y Corea en los albores del periodo histórico y reservada al repertorio profano.

MUSUBI
Dioses de la generación

Si se les asocia con el kami diáfano del centro del cielo para formar con él la triada original, Takamimusubi y Kamimusubi ofrecen un material más tangible para las curiosidades de los mitólogos. Es cierto que nacen por generación espontánea al principio del mundo y que no revelan sus cuerpos más que los primeros dioses de la teogonía japonesa, pero la abstracción se detiene ahí. Por un lado, parecen constituir, si no una pareja, al menos un par complementario (Takamimusubi es un dios y la segunda, una diosa). Por otro lado, tienen el mismo atributo: el elemento *musu* («empujar», «crecer»), que pasa a componer su nombre, sugiere que eran percibidos como espíritus (*hi/bi*) de la generación o la fuerza vital, en virtud de una lógica que no es ajena a nuestra manera de pensar, ya que se encuentra en la raíz indoeuropea *bhew/bhū que nos dio *physis*, to *be*, je *fus*. Por cierto, la palabra *musume* (chica), que ha entrado en la lengua francesa a raíz de la influencia de las artes niponas en las occidentales (bajo la forma *mousmé*), se basa en la misma raíz: el chico (*musuko*) y la chica (*musume*) son «producciones de la fuerza vital», «desarrollos del ser».

Otra prueba de su dimensión mitológica es que estos dos dioses aparecen más de una vez en nuestros

relatos fundacionales, de forma discreta pero eficaz.
Takamimusubi suele compararse con el dios Takagi
no kami, que secunda a Amaterasu en la cúspide del
panteón, cuando no toma decisiones por su cuenta. En
cuanto a Kamimusubi, en ninguna parte es más explícito su papel como espíritu de la energía vital (¿debería
ser vista como una antigua diosa madre?) que en el episodio en el que resucita a Ohokuninushi, que ha sido
asesinado por sus hermanos. Los teólogos sintoístas
y los ideólogos del movimiento de estudios japoneses
(*Kokugaku*) utilizarán estos dos principios de generación como punto de partida de una verdadera filosofía
vitalista que se enriquecerá con los años y sobrevivirá
hasta el umbral de la modernidad.

MUTILACIONES DENTALES
Ritos y clasificaciones

Algunas alusiones fugaces que pueden encontrarse en nuestros mitos, validadas en el siglo xx por numerosos descubrimientos arqueológicos (el yacimiento de conchas de Ikawazu es uno de los ejemplos más conocidos), nos indican que los hombres del periodo Jōmon practicaban diversas formas de mutilación dental. Además del limado horizontal o «en punta» de los dientes visibles, bien conocido en otras latitudes, los incisivos se aserraban frecuentemente en vertical: dos hendiduras paralelas daban lugar a dientes de tres puntas, como recuerda un pasaje del reinado del emperador Kenzō, en el que se relata que un cadáver fue identificado gracias a esta particularidad. Aunque en el pasado la antropología tendía a atribuir una función totémica a estas deformaciones (los miembros de un grupo humano buscaban parecerse a su animal tótem mediante este proceso), la tendencia actual es analizarlas como una técnica más general de clasificación y diferenciación social, funcional, genérica o regional. Tales marcas (definitivas, ya que afectan a los dientes adultos) debían imponerse a los sujetos durante los ritos de paso, tan importantes en las sociedades con «grupos de edad». Además del «aserrado», en el Japón prehistórico también se practicaban formas de extracción sistemática de determinados dientes (caninos solos, incisivos solos, caninos y primeros premolares) con efectos de contraste o simetría entre los dos maxilares. Hace ya un siglo, el arqueólogo japonés Koganei Yoshikiyo elaboró una exhaustiva tabla con todas las combinaciones posibles, cuya complejidad delata la existencia de un código extremadamente sofisticado. Estas técnicas aparecen en el noreste de Japón a principios del segundo milenio a. C. y se extienden gradualmente hacia el sur del archipiélago, lo que sugiere un origen paleoasiático.

MITO Y POESÍA
El lenguaje de la adivinación

Lejos de ser meros elementos decorativos salpicados en la narración para darle un toque pintoresco o lírico, los poemas cantados (*uta*, *kayō*) cumplen una función decisiva en el lenguaje mítico del *Kojiki* y el *Nihon shoki*. Desde la época arcaica, la poesía parece haber sido considerada como la lengua de los dioses, antes de convertirse en la lengua utilizada por los hombres para dirigirse a los dioses: se trata, pues, de una hierología. Por eso está dotada de una densidad, una eficacia y una autenticidad que la prosa no posee, reducida la mayoría de las veces a la función de comentario o recordatorio.

Empecemos recordando que la tropología clásica hunde sus raíces en el pensamiento mágico: estos epítetos fijos conocidos en japonés como «palabras almohada» (*makura kotoba*) pretendían originalmente revelar la naturaleza secreta o el poder del nombre o la palabra a la que iban prefijados. La expresión «donde sopla el viento divino» (*kamukaze no*) se asocia así a Ise, el mayor santuario dedicado al culto solar. En el mito cosmogónico, la extraña fórmula «como una medusa» (*kurage nasu*) aplicada al océano primordial no es una comparación insignificante: su estructura pentasílaba original evoca la figura de la palabra-almohada, y se nos sugiere en ella una alusión indirecta al tema del monstruo marino original, cuyo cuerpo da origen a la tierra. Una declaración divina más compleja, pero no constituida aún como poema, puede servir como etimología de un topónimo (como en el caso del lugar llamado «Suga», que se deriva de una exclamación de alivio del dios Susanowo). La exclamación ritual pronunciada por los dos padres del mundo cuando se encuentran («¡Ah, ¡qué hombre más hermoso!», «¡Ah!, ¡qué mujer más hermosa!») se considera por los comentaristas medievales un canto característico por la alternancia adoptada por los interlocutores para responderse entre sí y el punto de partida de la poesía. La primera canción-poema entonada por el dios sauróctono tiene una función fundacional y esotérica: el kami canta su retiro al palacio rodeado por la valla de ocho puertas, envuelto por ocho capas de nubes. Otra función que el mito confiere con frecuencia a la poesía es la revelación indirecta de un secreto o de una información vital. La emperatriz Isukeyorihime compone un poema aparentemente meteorológico (las nubes se levantan/a orillas del río Sawi...) para advertir a sus hijos de que un usurpador conspira contra sus vidas. La diosa Takahime no mikoto declama un poema codificado para revelar el nombre y la verdadera naturaleza de su hermano Ajishikitakahikone no kami. La función de intensificador lírico o patético también es visible en muchos poemas, pero se basa en valores más arcaicos que la mera indulgencia sentimental. El intercambio de poemas entre el dios Ohokuninushi y la bella Nunakawahime, y posteriormente entre el mismo dios y su esposa principal, va acompañado de gestos codificados que sugieren una antigua forma teatral o coreográfica. Los poemas desesperados cantados por Yamatotakeru, por su parte, representan otras tantas estaciones en el camino del calvario del héroe moribundo, e inscriben esta pasión en el espacio fundando topónimos. Para concluir, mencionemos otro valor esencial de la poesía: el poema-canción debe su oblicuidad a su condición de lenguaje adivinatorio por excelencia. Las profecías nunca se expresan en prosa. En cuanto a la *waza uta*, es a la vez una admonición velada y una advertencia de peligro mortal: durante el reinado del emperador Sujin, una joven desaparecida misteriosamente entona un canto denunciando la frivolidad del soberano y habla del complot urdido contra él.

NOMBRE DE LOS EMPERADORES

Una identidad evolutiva

Desde la época de los manuscritos medievales, se hizo costumbre referirse a los emperadores por sus nombres sino-japoneses (Jinmu, Sujin, Suinin, Keikō, etc.) en el margen de las notas genealógicas que preceden a la narración de los reinados. Pero estos nombres resultan inadecuados por dos motivos: transmiten valores chinos (nombres de virtudes cardinales, por ejemplo), y su invención no se remonta más allá de finales del siglo VII, mucho después de que se escribieran el *Kojiki* y el *Nihon shoki*. En el cuerpo de nuestros textos se evita a menudo hacer alusión al emperador por su nombre, refiriéndose simplemente a él con un término genérico (el soberano, su majestad, etc.).

¿Significa esto que los señores de Yamato no tenían un nombre específico antes de adoptar los códigos políticos continentales? Existen dos grupos de denominaciones antiguas. Por un lado, están los nombres personales, que pueden ser simples, como Hikoho-hodemi para Jinmu, o estar asociados a un topónimo (Ohohatsuse no Wakatake para Yūryaku). La otra categoría está formada por «palabras-frases», cuya complejidad y simbolismo sugieren un valor mágico o de encantamiento (como es el caso de los nombres antiguos de Japón). Jinmu es Kamu Yamato Iwarebiko no mikoto, Sujin es Mimaki iribiko Iniye no mikoto, y así es como se refieren a él en el famoso poema que le advierte de una confabulación que se está urdiendo en su contra. Sin embargo, no hay garantía de que estos nombres enfáticos sean arcaicos, y pueden haber sido nombres póstumos (*okurina*) atribuidos al soberano fallecido en el momento de su funeral. Además, los mitos y la antropología comparada nos recuerdan la práctica habitual de la polionimia en serie: cada paso a un grupo de edad superior se acompañaba de nuevos nombres, lo que delata una concepción evolutiva de la identidad.

Desde el inicio del periodo Meiji (1868), los soberanos recibían el nombre de la época que coincidía con su reinado (emperador Meiji, emperador Taishō, emperador Shōwa, etc.).

OHOKUNINUSHI
El dios de las cien caras

En las religiones japonesas, como en todos los sistemas politeístas, no es raro que un dios tenga innumerables nombres, como Ohokuninushi no kami, pero esta polionimia puede ocultar dos fenómenos diferentes. Puede tratarse simplemente de epíclesis: esas designaciones específicas que describen las funciones, los atributos o las variantes locales de una única entidad divina, como muestra el ejemplo del Apolo de la antigua Grecia. A veces, sin embargo, esta heterogeneidad es más profunda y oculta una síntesis mal digerida de diferentes divinidades, generada por los creadores de mitos por razones ideológicas o religiosas particulares.

Todo parece indicar que el «gran señor de la tierra» (este es el significado de Ohokuninushi, su nombre más común) combina estas dos formas de complejidad. Está asociado a la mitología de la región de Izumo, al oeste del país, donde parece tener profundas raíces como demiurgo local (el gran santuario de Izumo le dedica devoción) y, como tal, es quien entrega sus dominios a los dioses celestiales en el famoso traspaso de poderes que ocupa un lugar central en las historias japonesas. Pero bajo su alónimo de Ohomononushi no kami, se le venera en Yamato, en el monte Miwa (*Mimoro*), donde se dice que tiene aspecto ofidio, cuando no se le considera el espíritu del país. Esta complejidad se ve reforzada por una genealogía flotante: se le presenta alternativamente como hijo de Susanowo (texto principal del *Nihon shoki*) o descendiente del mismo dios en la 6.ª generación (*Kojiki*, variantes del *Nihon shoki*, *Shojiriku*) o en la 7.ª generación (otra variante del *Nihon shoki*). A pesar de esta indeterminación, los relatos del *Kojiki* que lo presentan confieren a su vida la coherencia de una estructura iniciática. Su carrera se basa en cinco etapas que presentaremos sucesivamente: la juventud, las pruebas en el infierno, la construcción del país, las conquistas amorosas y la cesión del país.

ALAIN ROCHER

OHOKUNINUSHI, MARTIRIZADO POR SUS HERMANOS MAYORES
La juventud

Todo comienza con el tono de un cuento popular. El joven Ohokuninushi es tratado como un vulgar portador por sus 80 hermanos mayores, que se lo llevan en su expedición para cortejar a la bella Yagamihime de Inaba. En el camino, se encuentran con una liebre despellejada (pues un cocodrilo la había agredido) a la que los 80 hermanos aconsejan, en un acto de crueldad, cubrir de sal sus heridas para que se cure. A Ohokuninushi, que le recetó un verdadero remedio para sus dolores a base de agua fresca y polen de flores, la agradecida liebre le adelanta que será él quien obtenga la mano de la bella Yagamihime. Los 80 hijos mayores, furiosos y celosos, deciden acabar con su hermano menor. Le invitan a participar en una cacería de jabalíes y, con el pretexto de abatir al animal, arrojan una roca calentada al rojo vivo hacia su hermano, que muere abrasado. Su madre lo resucita con la ayuda de diosas almeja, que utilizaron sus secreciones para fabricar remedios. Furiosos, los 80 hermanos atraen a Ohokuninushi a la montaña y lo atrapan en la grieta de un árbol, que se cierra sobre él. Su madre lo resucita de nuevo y el joven dios huye una vez más, alcanzando el otro mundo para escapar de la venganza de sus hermanos.

OHOKUNINUSHI EN EL INFRAMUNDO
Iniciación

A su llegada al inframundo (*Ne no katasu Kuni*), donde ha llegado en busca del consejo del gran dios Susanowo, Ohokuninushi conoce por primera vez a la hija del señor de la tierra, la bella Suseribime. Los dos jóvenes se enamoran a primera vista, pero Susanowo ofrece al visitante una hospitalidad que se asemeja a una formidable serie de pruebas iniciáticas. Primero le hace dormir en una habitación llena de serpientes. El joven dios utiliza los poderes mágicos de una pañoleta capaz de ahuyentar a los reptiles que le había regalado su prometida y pasa una noche sin problemas. La segunda noche tuvo que dormir en un cuarto lleno de ciempiés y avispas, pero una vez más, una segunda pañoleta que le dio Suseribime le ayudó a evitar las picaduras. Al día siguiente, Susanowo le puso una prueba aún más dura: dispara una flecha en medio de una pradera y pide al joven dios que la recoja, pero cuando se acerca, prende fuego a las cuatro esquinas del terreno. Rodeado por las llamas, Ohokuninushi sigue el consejo de un ratón de campo y se esconde en una fosa. Cuando se apaga el fuego, regresa con Susanowo portando la flecha que le había traído el pequeño roedor, cuando sus anfitriones estaban convencidos de que había perecido en el incendio.

Sin inmutarse, Susanowo reclama de inmediato a Ohokuninushi en su morada y le ordena que le despioje la cabeza. En lugar de piojos, la cabeza del dios de las tinieblas está plagada de ciempiés. Ohokuninushi mastica entonces una mezcla de frutos de árbol *muku* y arcilla roja que le había dado su esposa y escupe la mezcla sanguinolenta para que pareciera que se había metido en la boca los asquerosos insectos. Conmovido por esta última hazaña, Susanowo se va a dormir, reconociendo implícitamente la victoria del joven dios. Ohokuninushi ata entonces algunos mechones de su pelo a un pilar de la casa, tapa la entrada con una enorme piedra y huye con su prometida a cuestas, portando la espada de la vida, el arco de la vida y la cítara celestial del gran dios. Pero la cítara golpea contra un árbol y deja escapar de sus cuerdas un sonido que despierta a Susanowo, que se libera de sus ataduras y sale en persecución de los fugitivos. Al llegar a la frontera de los mundos, Yomo tsu hirazaka (que se asocia al mito del origen de la muerte en el episodio del divorcio entre Izanagi e Izanami), abandona finalmente la persecución y dio un último consejo al dios: «Con la espada de la vida y el arco de la vida que te has llevado persigue a tus hermanastros hasta que yazcan abatidos [...]. Después, conviértete en Ohokuninushi y Utsushikunitama no kami y toma a mi hija como esposa principal. En las faldas del monte Uka, levanta un gran palacio con robustos pilares que perforen la profundidad de la tierra y con vigas cruzadas que [...] se eleven al Altiplano del Cielo. Y vivid allí. ¡Ah, bribón!» (*K.*, «NKBT», vol. 1).

OOKUNINUSHI, REY DOTADO DE MAGIA

El dios demiurgo

Descrito como un rey mago tras las pruebas superadas en el inframundo, Ohokuninushi «se dedicó a crear el país» según se cita en el propio *Kojiki*, lo que sugiere la existencia de una cosmogonía local propia de Izumo, distinta de la versión oficial que atribuye la formación del archipiélago a la pareja primordial. La doble dimensión de su obra, política y cosmogónica, queda claramente patente en el texto. Por un lado, Ohokuninushi unifica las provincias para formar una sola entidad bajo su nueva autoridad. Su victoria sobre sus 80 hermanos le da el control de sus dominios, que incorpora a lo que podría llamarse el gran Izumo, que unía todas las provincias occidentales. Pero por otro lado (y simultáneamente), confirma la forma y consolida el país, primero con la ayuda del dios enano Sukunabikona, y después con la de su extraño alter ego, el dios de Miwa, que promete ayudar si se le rinde culto en Yamato.

Pero la instantánea de las habilidades del dios Ohokuninushi estaría incompleta si pasáramos por alto sus funciones curativas: conoce los secretos de la naturaleza, las plantas y los animales, y enseña a la gente los remedios para las calamidades más diversas. El hecho de

que se casara con la maga Suseribime subraya simbólicamente este aspecto oculto de sus atributos. Hermano
menor martirizado, dios compasivo, héroe victorioso
en las pruebas, demiurgo local y rey chamán, Ohokuninushi posee además otra característica más paradójica.

OHOKUNINUSHI, SEDUCTOR
El dios de la fertilidad

Al conjunto de funciones mencionadas anteriormente se añaden atributos que Dumézil no habría dejado de situar bajo el signo de la tercera función. Como un dios de la fertilidad, Ohokuninushi visita a todas las bellezas de la región de Izumo, y algunas de estas amantes figuran en suntuosos poemas líricos que sustituyen por completo a la narración. Hay quien ha visto en estas conquistas la metáfora matrimonial de una política de unificación de la provincia, pero las connotaciones claramente eróticas de uno de sus nombres (Yachihoko no kami, el dios de las ocho mil alabardas), así como las aventuras amorosas de su alter ego el dios del monte Mimoro (que a menudo aparece en forma de serpiente o flecha rubicunda), confirman que la labor de fecundación llevada a cabo por el dios está vinculada a un estrato arcaico de su personalidad y no puede reducirse a una mera figura retórica.

DESAPARICIÓN DE OHOKUNINUSHI

Retirada del primer plano

Ohokuninushi reaparece una última vez en nuestras historias, mucho después del «ciclo de Izumo», durante la transferencia de poder entre los dioses locales y las deidades celestiales. Cuando Takemikazuchi, a instancias de Amaterasu y Takagi, desciende a la tierra, explica a los señores del lugar que la *tenencia* que ejercen corresponde por derecho a los hijos del cielo, que representan un estadio superior de dominación, la *soberanía*. Naturalmente, se recurre a Ohokuninushi, como máxima autoridad de la provincia de Izumo, pero ahora parece pasivo e impotente, como un *deus otiosus*. Cuestionado sobre sus intenciones (¿aceptaría ceder el país?), transfiere la responsabilidad a sus hijos, Kotoshironushi y Takeminakata. El primero promete desde el principio someterse respetuosa y simbólicamente al mundo invisible. El segundo hijo acepta un duelo, al final del cual también se somete. Ohokuninushi ratifica las decisiones de sus hijos y cede la llanura central del campo de juncos, solicitando, como compensación, que se construya un santuario monumental (*similar a un palacio*) para rendirle culto. Su poder sobre el mundo real se transforma así en un poder oculto, un intercambio fundacional que explicará más tarde todas las calamidades que sobrevienen al reino como la venganza de un dios que se considera olvidado.

PÁJARO BLANCO
«Las alas del alma»

Tanto si lo consideramos un animal psicopompo como, más directamente, el símbolo mismo del alma, el pájaro blanco desempeña un papel importante en los mitos, y todo indica que está vinculado a las creencias más arcaicas de Japón. La crónica del emperador Suinin explica que el príncipe Homuchiwake padecía una afasia incurable, agravada por un inexplicable retraso en su desarrollo: *infans* en el sentido más estricto de la palabra, se había estancado en juegos que ya no correspondían a su edad y su comunicación se limitaba a simples borborigmos. La primera palabra que salió de su boca fue provocada por un pájaro blanco que cruzaba el cielo por encima de su cabeza, como si por fin hubiera recobrado el sentido. El soberano ordenó capturar al ave y, tras un viaje iniciático a Izumo, el príncipe se curó.

Otro episodio aún más célebre confirma el valor espiritual del ave. Cuando el héroe Yamatotakeru, aquejado de una enfermedad mortal, exhala su último aliento al regreso de una expedición, su alma escapa en forma de un gran pájaro blanco al que su mujer y sus hijos, que asisten al funeral, persiguen llorando, tropezando y lastimándose los pies por el campo.

Otra imagen, tomada de la arqueología, puede añadirse a nuestro expediente: se trata de la famosa pintura del túmulo funerario de Mezurashizuka (en la isla de Kyūshū), que representa una piragua solar (o embarcación funeraria) dominada por la estrella del día y adornada en la proa con un pájaro que parece guiar al esquife (o representar al difunto). La identificación sigue siendo hipotética, y algunos expertos prefieren asociar esta ave guía con el cuervo de nuestros mitos.

OMOHIKANE
El cerebro del panteón

Cuando el panteón celeste descrito en nuestros mitos se enfrenta a una crisis o ve cuestionada su autoridad, los grandes dioses rara vez imponen su voluntad de forma arbitraria: las decisiones que toma la asamblea de las ochocientas miríadas de kamis suelen ser colectivas. Y sin embargo, en el corazón de este areópago, un dios de contornos misteriosos desempeña un papel protagonista: él es el proveedor de ideas, la mente con múltiples pensamientos, el especialista en resolución de crisis: Omohikane no kami. Cuando la retirada de Amaterasu a su cueva sume al mundo en la oscuridad, es Omohikane quien sugiere organizar un ritual para recuperar el sol. Más tarde, cuando los dioses celestiales planean enviar a uno de sus emisarios a la tierra para tomar posesión de ella, es nuevamente nuestro intelectual de turno quien sugiere el nombre de un candidato. Pero es importante subrayar que Omohikane no tenía poder ejecutivo: para utilizar el lenguaje administrativo de la época clásica, digamos, a riesgo de cometer un anacronismo, que era un gran consejero.

ORDALÍA
La prueba de fuego

Esta práctica ritualizada, a medio camino entre la racionalidad jurídica y el pensamiento mágico, cuyo objetivo es someter a un acusado al juicio de los dioses, resolver una aporía o justificar una decisión, adopta múltiples formas en los mitos japoneses.

El *ukehi* (ukëpi) es una especie de juramento condicional doblemente articulado: se construye sobre el modelo «si A, entonces x; si B, entonces y». Cuando Susanowo asciende al cielo para rendir visita a su hermana, la diosa del Sol, esta tiene el convencimiento de que lo que él persigue realmente es apoderarse de sus dominios, así que se arma de pies a cabeza para hacer frente al intruso. Para demostrar la pureza de sus intenciones, Susanowo propone a Amaterasu un *ukehi*, que no es más que una especie de incesto disfrazado de ritual chamánico: los dos dioses deben intercambiar sus atributos (la espada de Susanowo por las cuentas de la pulsera de Amaterasu), sumergirlos en el agua celestial del manantial, masticarlos y luego escupirlos. De esta materia vaporizada nacerán varias divinidades.

Más adelante en nuestros textos, el mito del descenso a la tierra del nieto de la diosa del Sol nos presenta otra forma de *ukehi*, más próxima a nuestra concepción del juicio por ordalía. Cuando Ninigi no mikoto pone un pie en la cima del monte Takachiho y toma posesión de la tierra en nombre de los dioses celestiales, conoce a una hermosa joven (Konohana no Sakuyabime). Se casa con ella, pero la bella mujer queda embarazada tan rápidamente que el príncipe celestial empieza a sospechar de su fidelidad («Seguro que es hijo de alguna deidad terrenal» *K.*, «NKBT», vol. 1). Para demostrar su inocencia y dejar claro que los niños que ha concebido son realmente príncipes celestiales, Konohana no Sakuyabime construye una casa de parto de arcilla herméticamente cerrada (este detalle es una metáfora del horno del alfarero) y le prende fuego antes de dar a luz. Si el parto es feliz, se establecerá su origen celestial: esto es lo que ocurre, y se salva la pureza del linaje imperial.

Los libros históricos de los *Anales de Japón* (bajo el reinado del emperador Ingyō, por ejemplo) contienen otra forma de demostración conocida en japonés como *kukatachi*, que es una prueba que implica el uso de agua hirviendo.

En una época turbulenta en la que los jefes de clan se atribuían títulos prestigiosos y orígenes divinos sin ninguna justificación genealógica real, el soberano hace colocar calderos de agua hirviendo en la cima de una colina cercana a la capital y convoca a todos los pretendientes (4.º año de reinado, 28.º día). Verán validadas sus pretensiones aquellos que, después de sumergir la mano en el líquido hirviendo, salgan ilesos de la terrible experiencia.

Una variante de nuestro texto hace referencia a la técnica similar del hacha incandescente, que cumple la misma función.

ORIGEN DE LA VEGETACIÓN
Del pelo a los árboles

Una curiosa tradición, ignorada en el *Kojiki* y conservada en una única variante del *Nihon shoki*, atribuye el origen de los árboles a una iniciativa del alborotador cósmico Susanowo y su hijo Isotakeru. Y lo que es aún más sorprendente, este mito tiene como telón de fondo la rivalidad entre Corea y Japón. Tras su expulsión del cielo, donde había sido declarado persona non grata, Susanowo se dirige primero al país de Silla (el reino que ocupa la parte oriental de la península coreana), pero se niega a establecerse allí y prefiere cruzar el mar hacia Japón. La historia se bifurca entonces y recurre a dos matrices simbólicas diferentes: el «vuelo de las semillas» y la «partenogénesis del gigante cósmico». Según la primera versión, fue Isotakeru quien tomó (¿robó?) «las innumerables semillas de los árboles» (*N.*, «NKBT», vol. 67) del Altiplano del Cielo antes de ser expulsado con su padre. Entonces habría decidido plantarlas en Japón en lugar de hacerlo en la península coreana.

La otra versión explica que Susanowo, al darse cuenta de que Corea ya poseía abundantes riquezas minerales, decidió ofrecer una ventaja compensatoria a su nueva patria: Japón. Se arrancó los pelos de la barba antes de dispersarlos, de donde surgió el género de las criptomerias. Luego se arrancó el pelo del pecho, produciendo las tuyas. Los pelos de sus nalgas dieron lugar a podocarpos, y de los pelos de sus cejas se originaron los alcanforeros. El dios no se limita a producir los árboles, sino que también determina su función técnica o ritual: la criptomeria y el alcanforero se reservan para la fabricación de barcos, la tuya se utiliza para construir palacios y el podocarpo se emplea para fabricar «los sarcófagos en los que se deposita la especie visible de los humanos» (*N.*, «NKBT», vol. 67). Además de esta primera preocupación (tecnológica), característica de todo buen héroe cultural, había un componente nutricional: para alimentar a los humanos, el dios también se ocupó de sembrar y cultivar las ochenta especies de árboles frutales.

Este mito heterodoxo guarda relación con la historia del origen de los cereales, que explica el nacimiento de las plantas cultivadas a raíz del asesinato de la diosa de la alimentación por Susanowo en el momento en que descendió del cielo.

OSHIHOMIMI

Los misterios de una salida incompleta

Cuando la tierra parece por fin pacificada, los dioses celestiales deciden enviar a uno de los suyos para que tome posesión de ella. Para esta esta misión fundadora, eligen a Masakatsu akatsukachihayahi ame no oshihomimi no mikoto, nacido del intercambio chamánico entre Amaterasu y Susanowo. Pero este declina la oferta y propone para esta empresa a su propio hijo, Ninigi no mikoto, que acababa de nacer. Una variante de nuestra historia explica que, en efecto, Oshihomimi intentó descender, pero se retiró prudentemente al constatar el caos residual que reinaba en el mundo terrenal. Hay varias explicaciones para esta extraña retirada, y no son mutuamente excluyentes. El primer candidato lleva emblemáticamente la marca de Susanowo en su nombre-río, cuyo comienzo reza: «Soy yo quien ha vencido, en verdadera victoria, al poderoso victorioso...». Se trata de una alusión directa a las condiciones del contrato ritual entre los dioses: el sexo de los hijos nacidos de esta unión mediante el uso de emblemas pretendía exculpar a Susanowo de cualquier sospecha de usurpación. La versión del *Kojiki* convierte el sexo de las hijas de Susanowo en una prueba de su inocencia, pero el nombre del primer hijo (nacido de las cuentas de la pulsera de Amaterasu masticadas por Susanowo) parece sugerir que originalmente el nacimiento de un hijo probaba la victoria del dios del mar, lo que explica su estallido de violencia desmedida en el cielo. Ahora bien, el abuelo del hijo de Oshihomimi era Takamimusubi, o Takagi, la eminencia secreta del panteón. Así pues, la sustitución de Oshihomimi por Ninigi elimina el estigma de Susanowo del mito central de la catábasis y otorga al fundador de la dinastía imperial una genealogía más decente.

Pero la versión de este mito propuesta por el *Kogo shū.i* sugiere otra explicación, que complementa a la primera. Oshihomimi es descrito como el hijo predilecto de la diosa del Sol: literalmente, es el *wakigo* (hijo lateral) de Amaterasu, y permanece tan unido a su madre que se niega a separarse de ella. Este detalle aparentemente insignificante acerca a Oshihomimi al polo incestuoso que guía algunas de nuestras historias y marca a sus protagonistas: reproduce un rasgo de comportamiento de su padre, Susanowo, cuya estrepitosa entrada en escena fue acompañada de este grito: «¡Quiero ir al país de mi madre!». Pero Oshihomimi es un Susanowo feliz, lo que explica su pasividad y la modestia de su papel en el mito.

EL PEINE

«Un hemisferio en una cabellera»

El pensamiento arcaico distingue entre los objetos que llevamos en contacto directo con el cuerpo y objetos más neutros y distantes. Pertenecen a una clase propia que se resiste a la cosificación: no se regalan (a menos que deseen simbolizar una unión fusional con el receptor) y aquel que los pierda corre un peligro mortal, como Yamatotakeru, que olvida su espada junto a la cama de su esposa. El verbo japonés para expresar su posesión es diferente del verbo que implica la propiedad de una herramienta o un objeto grande. Su proximidad física al sujeto explica por qué se les considera extensiones del cuerpo, o incluso portadores del espíritu del propietario. La espada o la daga de un héroe y las joyas de una diosa entran en esta extraña categoría de «emanaciones del sujeto». El peine ocupa un lugar especial en este sistema de objetos. Antes de luchar contra la hidra de Koshi, el dios Susanowo transformó a su prometida en una peineta que se colocó en el moño. Después de que su esposa se ahogara, Yamatotakeru encuentra su peine en la orilla y lo entierra con todos los honores, como si fuera el cuerpo de la princesa. La homofonía fortuita entre la palabra «peine» y la palabra «maravilloso» o «milagroso» (*kushi*) refuerza sin duda el valor mágico del peine. Mucho más tarde, un

gran poeta del periodo Edo, Buson, compuso un célebre *haïku* para describir el conmovedor pesar por el
fallecimiento de su esposa cuando pisa, por accidente,
un objeto afilado... ¡el peine de la difunta!

EL PUENTE FLOTANTE
¿Navío, escalera o *axis mundi*?

Cuando Izanagi e Izanami reciben la orden de las deidades celestiales de formar el mundo, ocupan sus puestos a bordo de una misteriosa embarcación denominada en el texto *Ame no Ukihashi* (Puente Flotante del Cielo), con la que se acercan al océano primordial. Que este puente (fijo o móvil, ambas interpretaciones son posibles) se haya asociado metafóricamente con el arco iris no es ninguna sorpresa, ya que el folclore de Asia Oriental ofrece muchos ejemplos de esta imagen. Pero la palabra *hashi* que lo designa también se encuentra en el compuesto *hashigo*, que significa «escalera», incluso en el japonés moderno. Este puente o barco celestial está, pues, estrechamente relacionado con el simbolismo escalar y con la imagen del eslabón que unía originalmente el cielo y la tierra y permitía a los habitantes respectivos de estos dos dominios visitarse mutuamente.

Una leyenda toponímica explica la forma del famoso istmo de Ama no Hashidate (uno de los tres paisajes más famosos de Japón) como la huella que dejó nuestro puente-escalera celestial al caer a tierra, privando así de un vínculo directo a los dos mundos que unía. Los textos van aún más lejos en el juego de las equivalencias simbólicas, ya que ciertas variantes del

Nihon shoki explican que el gran pilar celestial erigido por los padres del mundo también permitía la circulación entre el cielo y la tierra. Los teólogos sintoístas del medievo analizaron más tarde esta equivalencia, teorizaron sobre la accesibilidad original de lo divino e interpretaron estos dos accesorios (puente y pilar) como los operadores del paso de lo nouménico a lo fenoménico.

SACERDOTISA CONSAGRADA
Política y religión

En el pasado, la designación de una familiar cercana del emperador (hermana, hija, tía, etc.) para asignarla al servicio de la diosa del Sol en el santuario de Ise se realizaba por medio de un procedimiento adivinatorio. La duración de este cargo, que exigía a la elegida mantener una pureza inquebrantable, coincidía con el reinado del soberano, de quien era en cierto modo la homóloga religiosa. Pero esta institución de la gran vestal (*saigū*, o *itsuki no miya*) se remonta más allá de la fundación del santuario de Ise, ya que se alude a ella varias veces en nuestros textos mitológicos. La genealogía del emperador Sujin nos cuenta que una de las hijas del emperador, Toyosukibime no mikoto, era devota del culto a la gran diosa (Amaterasu). La misma tarea se encomendó posteriormente a la tía del soberano, Yamatototohimomosohime no mikoto, que era una reputada pitonisa. Más tarde, durante el reinado de Keikō, la gran sacerdotisa desempeñó el papel de protectora del joven héroe Yamatotakeru cuando este fue enviado a someter a los bárbaros.

Las secciones de los anales dinásticos chinos dedicadas al país de Wa (Japón), que describen un estado cultural correspondiente al periodo Yayoi, aluden a una misteriosa reina-chamana llamada Himiko, que vive recluida en su templo-palacio y recibe la ayuda de su hermano en el ejercicio del poder temporal. Esta diarquía, si no es una leyenda urdida por los historiadores, tal vez describa una forma arcaica de reparto del poder religioso y político entre dos miembros de la familia reinante, que posteriormente se sistematizó.

LA PRINCESA DE FLOR NACIENTE

El origen de la brevedad de la vida

Aunque se habían vuelto mortales como resultado de la ira de Izanami, los hombres al menos tenían el privilegio de una longevidad extraordinaria. Pero un nuevo pecado masculino traerá al mundo como novedad la brevedad de la vida. Cuando Ninigi, nieto de la diosa del Sol, desciende a la tierra para establecer su reinado, conoce a una joven llamada «Princesa de Flor Naciente», o «Flor del Cerezo» (Konohana no Sakuyabime): sucumbiendo a su encanto, le pide matrimonio. Sin negarse categóricamente, la bella mujer responde que primero debía preguntar a su padre, el dios de la montaña, cuál era su parecer. Este último da su consentimiento, poniendo una condición: el príncipe celestial debe casarse, además, con la hermana mayor de Sakuyabime, la princesa de la roca grande (Iwanagahime). Al descubrir su repulsiva fealdad, el frívolo príncipe solo acepta a la bella hija menor. El iracundo padre arroja una maldición sobre Ninigi y todos sus descendientes: «Si hubieras aceptado la mano de mi hija mayor, tu vida y la de tu descendencia habrían sido tan sólidas y duraderas como una roca; pero como solo has aceptado a mi hija menor, ¡tu vida tendrá el breve esplendor de la flor del cerezo!». Este mito, que atribuye el origen de la brevedad de la vida a una mala elección, parece a primera vista muy alejado de nuestro texto de referencia. Pero la naturaleza ctónica de la hermana mayor, su repulsiva fealdad (el marcador por excelencia de la alteridad, que también se describe en los mismos términos que la fealdad de las ogresas del inframundo) y la reacción horrorizada del príncipe forman un marco simbólico común a ambos relatos.

ALAIN ROCHER

SACRIFICIO FEMENINO
Una dedicación completa

Los mitos se refieren con frecuencia al sacrificio realizado por una mujer para salvar a un marido, amante
o pretendiente en apuros. En el centro de la gesta de
Yamatotakeru, cuando el héroe intenta cruzar el mar
de Hashirimizu, su barco, zarandeado por el oleaje y
desviado por las corrientes, se encuentra peligrosamente
a la deriva. La esposa del héroe, Ototachibanahime no
mikoto, decide arrojarse a las olas para salvar la misión
de Yamatotakeru y aplacar la ira del dios del Estrecho.
Entonces, las olas se calman bruscamente y permiten al
barco emprender de nuevo la marcha hacia su destino.
Antes de desaparecer, la princesa canta un poema para
dar un sentido lírico a su acto de sacrificio: «Vos, mi
señor,/en medio de las llamas/de la pradera/de Sagamu,
por mí/preguntar te dignaste» (*K.*, «NKBT», vol. 1).

SAHOBIME
Un destino trágico

Al comienzo del reinado del emperador Suinin y poco después de su matrimonio con la princesa Sahobime, el hermano de la emperatriz, Sahobiko, trama una confabulación para derrocar al soberano. Presiona a su hermana menor, con la que parece tener una relación incestuosa, para que acabe con la vida de Suinin, prometiéndole lo siguiente: «Si de verdad me amas, juntos gobernaremos el mundo». Aprovechando que el emperador dormía, Sahobime intenta hasta en tres ocasiones hundir en la garganta de su marido una daga que su hermano había forjado para ella, pero no se atreve y deja caer sus lágrimas sobre su augusto rostro. El emperador se despierta sobresaltado y relata el sueño premonitorio que acababa de tener: «Soñaba que en dirección de Saho se puso a llover violentamente y el agua me mojaba el rostro. También he soñado que una culebrilla se me enroscaba en el cuello». La emperatriz comprende que no puede seguir ocultando el plan de su hermano y se lo revela al emperador. El emperador envía entonces a sus guerreros a asaltar el fuerte donde se había refugiado el felón. Sahobime, que se encuentra encinta y casi a término, va al encuentro de su hermano en su refugio y da a luz allí al príncipe Homuchiwake, al que consigue mandar fuera del edificio en llamas antes de unirse a su hermano en la muerte. El emperador intenta en vano sacar a Sahobime del fuego. Este episodio, que parece hacerse eco del nacimiento de Hoderi y Howori entre llamas, cumple sin duda la función de una ordalía destinada a autentificar la condición principesca de Homuchiwake, ya que se ciernen sospechas sobre la identidad de su verdadero padre.

SARUTAHIKO

El campeón de la tierra

En la leyenda dorada conservada por la tradición
«posmitológica», el grandioso descenso del cielo de
Ninigi no mikoto se desarrolla sin escollo alguno,
como un rito escrito de antemano, demostrando la
gloria indiscutible del nieto de los dioses celestiales.
Pero algunos detalles del relato del *Kojiki*, confirma-
dos por la versión menos edulcorada del *Nihon shoki*,
cuentan una historia diferente. Un dios terrenal acude
al encuentro de Ninigi en pleno cielo «en innumerables encrucijadas celestiales» (*N.*, «NKBT», vol.
76), no para servirle de guía (versión del *Kojiki*), sino
para oponerse a su descenso y toma de posesión del
país. Se llama Sarutahiko. El *Nihon shoki* lo describe
así: «Medía más de siete pies, tenía una nariz de siete
puños [...] y sus ojos, que parecían grandes espejos, bri-
llaban como alquequenjes» (*N.*, «NKBT», vol. 67).
Para combatirlo, los dioses envían a Ame no Uzume,
que se había distinguido durante el eclipse de Amaterasu interpretando una danza erótica ante la cueva y
la asamblea de dioses. Además, según una versión de
nuestros mitos, se vuelve a desnudar para utilizar una
técnica que ya ha demostrado su eficacia y anular simbólicamente la amenaza que representa Sarutahiko. Los
mitólogos japoneses han sugerido que se trataba de una

especie de duelo mágico entre los paladines del cielo y de la tierra. Este enfrentamiento quedará diluido por una asociación genealógica a posteriori que convierte a los dos magos en paredras (Ame no Uzume toma el nombre de Saruta) y ve en ellos a los antepasados de un clan de chamanes-bailarines, los Sarume.

SUININ

La búsqueda estéril de la inmortalidad

Al final de la crónica del emperador Suinin aparece
una variación sobre el tema de las mujeres y la muerte.
Decidido a ampliar su harén, el soberano convoca en
palacio a las cuatro hijas de un príncipe vasallo. Finalmente, solo mantiene en palacio a las dos mayores. A
las más jóvenes, «por ser muy feas, las devolvió a casa
de sus padres» (*K.*, «NKBT», vol. 1). La más joven,
Matonohime, incapaz de soportar la humillación, se
arroja a un estanque, y este suicidio parece poner fin
al episodio. Pero la anécdota que sigue a esta tragedia,
y que parece tener valor por sí misma, adquiere una
resonancia totalmente distinta cuando la relaciona-
mos con nuestro tema rector. El emperador envía a un
hombre llamado Tajimamori a la tierra de la eternidad
(Tokoyo) para que le traiga el fruto refulgente de la
inmortalidad. El emisario alcanza la tierra ultramarina
y trae de vuelta los maravillosos frutos, pero llega a la
corte demasiado tarde: el emperador ya había fallecido.
Aunque la disociación de los elementos constitutivos
del relato lo priva de la evidencia de nuestros mitos de
referencia sobre el vínculo entre la mujer y la muerte en
la mitología japonesa, el mecanismo subyacente sigue
siendo el mismo. El emperador fracasó en su búsqueda
de la inmortalidad, porque se negó a casarse con las mu-

jeres menos agraciadas que se le ofrecían. Este episodio ha sido hábilmente tomado del folclore taoísta: la isla de los inmortales se alza tras la imagen de la tierra de la eternidad.

SUJIN
La refundación de la religión

Los detalles concretos que jalonan la narración de su reinado, las referencias al establecimiento de varias instituciones claramente identificables y la fugaz alusión a su papel como fundador de la dinastía han llevado a algunos historiadores japoneses a considerar a Sujin, y no a Jinmu, como primer emperador del país. Mientras que el «reinado» inaugural de Jinmu gira en torno a aventuras bélicas, la crónica de Sujin está impregnada de una pesada atmósfera religiosa. Uno funda el país y el otro, los cultos. Sujin parece innovar al separar materialmente lo religioso de lo político y establecer formas contractuales de relación entre ambas esferas. Originalmente, nos dice el *Nihon shoki*, los dioses Amaterasu y Yamato no Ohokunidama estaban «presentes» en el gran salón del palacio, donde se les rendía culto, pero el emperador, «atemorizado por su poder, se negó a vivir con ellos» (*N.*, «NKBT», vol. 67) y decidió «externalizar» el servicio divino. Esta institucionalización de la religión, que implica el nombramiento de especialistas en el culto, es el resultado de una profunda crisis.

El comienzo del reinado estuvo marcado por diversas calamidades: catástrofes naturales, epidemias, revueltas... El soberano reúne a las ochenta miríadas de kamis y emprende una gran consulta profética para establecer las causas de la crisis y, sobre todo, averiguar las quejas de los dioses responsables. La pitonisa Yamatototohimo-mosohime entra en comunicación con los espíritus y les transmite a los hombres que «ellos» piden que se esta-blezca un culto. Una segunda consulta revela la identidad del solicitante: Ohomononushi (dios de Izumo, asociado al espíritu de la tierra de Yamato, Ohokunitama). A pesar del establecimiento de los cultos solicitados, las calami-dades siguen azotando al país. Sujin practica entonces las formas más estrictas de abstinencia, se purifica y recibe instrucciones más precisas en un sueño: el dios Ohomo-nonushi se le aparece, exigiendo que se designe a su hijo, Ohotataneko, responsable del culto. En el entorno del soberano, un triple sueño, cuyo contenido coincide en todos los aspectos con el sueño imperial, confirma su validez. Se envían emisarios en busca del famoso Ohota-taneko, que es destinado a su nuevo puesto. Sujin funda varios santuarios reservados a los dioses celestiales y te-rrenales, concediéndoles tierras arrebatadas al dominio imperial. Otros sueños completan el ritual, explicando qué tipos de ofrendas (escudos, alabardas, etc.) deben re-servarse para los dioses de Sumizaka y Ohozaka. El final del reinado está marcado por otra crisis: ante la amenaza de rebelión, los dioses envían una advertencia al rey, acu-sándole de entregarse a distracciones galantes mientras el imperio se tambalea.

SUKUNA BIKONA
El enano demiurgo

Si bien todas las tradiciones japonesas atribuyen la creación del cosmos a los padres del mundo, Izanagi e Izanami, existe también una segunda génesis que tiene lugar, en menor medida, en la provincia de Izumo, y en la que el dios Ohokuninushi (también conocido como Ohonamochi) es el protagonista. Algunos objetarán que se trata más de una organización del territorio que de una creación *stricto sensu*, pero no hay que olvidar que esta restricción también se aplica a la «gran génesis»: a la pareja primordial se le encomendó la misión, en principio modesta, de reparar y consolidar la tierra flotante. Es más, el japonés antiguo, que no utiliza el verbo «crear» (*ex nihilo*), confiere al verbo *tsukuru* un gran número de connotaciones: producir, hacer, preparar un campo, instituir, etc.

Pero resulta que Ohokuninushi no está solo en su empeño: su colaborador es un pintoresco dios enano llamado Sukuna bikona. Según el Kojiki, este último procede del mar, donde navegaba en un esquife hecho del fruto de *kagami* vestido con la piel de un ganso. Intrigado, Ohokuninushi lo toma en su mano y lo deja jugar hasta que la extraña criatura le muerde la mejilla. Entonces se entera por los kamis del cielo de que Sukuna bikona es uno de los innumerables hijos de la diosa madre Kamimusubi, que tiene un temperamento travieso que lo hace difícil de controlar, y que tras su nacimiento se cayó de las manos de su augusta madre resbalándose entre sus dedos. Los mitos describen la colaboración entre Ohokuninushi y Sukuna bikona desde dos perspectivas. Según ciertos textos (especialmente el *Nihon shoki*), que subrayan que la obra fue realizada «con una sola energía y un solo corazón» por los dos dioses, estos parecen constituir una entidad bifronte indisociable. Sukuna bikona casi parece el «pequeño genio» del señor del país. Otros pasajes, que evocan mitos de embaucadores, nos recuerdan que Sukuna bikona asume más precisamente una función crítica y correctiva en la obra demiúrgica: señala las imperfecciones del «primer borrador» realizado por Ohokuninushi.

Además de su función demiúrgica, los dioses también tienen poderes médicos, que se reparten a partes iguales: «Tanto para la especie humana visible como para los animales (domésticos), definieron técnicas para curar enfermedades. A continuación, determinaron cómo prevenir las diversas calamidades provocadas por los pájaros, las bestias salvajes y todas las criaturas rastreras».

Una vez terminado su trabajo, Sukuna bikona elige una salida de escena tan original como su entrada: se sube a un tallo de mijo y es catapultado al país de la inmortalidad, más allá de los mares. Esta condición de dios visitante, garante de la fertilidad, explica sin duda por qué la cultura sincrética medieval asociaba a Sukuna con uno de los siete dioses de la felicidad, Ebisu. El tema del esquife también sugiere un parentesco simbólico con el primer descendiente de Izanami, el dios-sanguijuela, abandonado a merced de las olas en una balsa de juncos.

SUSANOWO

El astro negro

Aunque no goza del prestigio de su hermana mayor, la muy sabia diosa del Sol, el incendiario Susanowo compensa su mala reputación con una complejidad que lo convierte en el personaje más pintoresco de la mitología japonesa. Tal es su importancia objetiva en la estructura simbólica de nuestras historias fundacionales que algunos seguidores de la «psicología de la identidad» (Kawai Hayao) lo han considerado el modelo más arcaico del «alma japonesa», mientras que un antropólogo con inclinaciones pregirardianas (Yamaguchi Masao) se ha esforzado por demostrar que no era el criminal descrito por los mitos, sino el tipo por excelencia de chivo expiatorio, cuyas faltas se inventaron a posteriori para justificar su expulsión de la comunidad de dioses. En los albores de los estudios mitológicos japoneses, uno de los padres fundadores de la disciplina (Takayama Rinjirō) lo consideraba un simple dios de la tormenta, pero pronto se pusieron de relieve las funciones culturales de su gesto. El consenso actual es que se trata del dios-héroe de los grandes clanes del oeste de Japón (la región de Izumo), demonizado posteriormente por los creadores de mitos de la corte que representaban los intereses ideológicos de la cultura central de Yamato. Además, no es imposible que

Susanowo sea el resultado de una síntesis de varios personajes. Sea como fuere, el curso de su tumultuosa vida sugiere tres carreras distintas: alborotador cósmico (en el cielo), héroe cultural (en la tierra), señor de la tierra de las raíces (en el inframundo).

SUSANOWO, ALBOROTADOR INMADURO

Primer acto

Último vástago del trío nacido de Izanagi (o de la pareja Izanagi/Izanami, según una de las versiones del *Nihon shoki*), se distingue inmediatamente de sus dos luminosos hermanos mayores (nacidos de los ojos del dios celeste), pues él nace de las excreciones nasales que produce Izanagi durante las abluciones marinas tras su salida del inframundo. Lleva en sus genes, por así decirlo, todas las impurezas del mundo oscuro. Esta escenificación de su nacimiento explica que pueda ser presentado alternativamente como el dios del mar (*Kojiki*) o el señor del reino de las raíces (versión del *Nihon shoki*), por no hablar de la seductora hipótesis de Lévi-Strauss, que lo definió como un «bebé de llanto ruidoso», primo lejano del Baitogogo de los mitos amerindios.

Mientras sus hermanos mayores administran obedientemente el patrimonio que se les ha confiado, el menor se rebela y expresa caóticamente su inmadura negativa a obedecer, «durante tanto tiempo que su larga barba de ocho palmos acabó llegándole al pecho» (*K.*, «NKBT», vol. 1). Llora y patalea sin cesar, sembrando la desolación y la calamidad por todo el mundo, declarando ante su padre su voluntad de marcharse al país de su madre (*Haha no kuni*). El padre, exasperado, acaba por tomarle la palabra y decide enviarle *ad matrem* al grito de «¡En tal caso no puedes vivir más en este país!». Antes de partir, Susanowo toma la iniciativa de desviarse para presentar sus respetos a su hermana, que reina en el Altiplano del Cielo. Ante la sospecha de sus intenciones (presiente su hermana que desea apoderarse del reino de las alturas), el alborotador intenta demostrar su buena fe proponiendo una especie de prueba ritual que consiste en intercambiar sus atributos (espada) con los de su hermana (joyas), sumergirlos en el río celestial, masticarlos y escupirlos para dar a luz a divinidades: la inocencia de Susanowo quedaría probada si como descendencia tiene mujeres débiles. El incesto indirecto es muy obvio, como señalaban los especialistas que comentaron estos textos en los siglos XVII y XVIII. El sexo de su progenie (tres divinidades marinas) parece confirmar la pureza de sus intenciones, y esta solución debería bastar para poner fin a la crisis, con más razón aún en tanto en cuanto fue propuesta por el propio interesado.

Pero Susanowo, arrastrado por el orgullo del triunfo, proclama a voz en grito su victoria en el Altiplano del Cielo, y comienza a realizar, con furia sistemática, toda una serie de sacrilegios que representan un catálogo, en acción, de lo que el sistema mágico-jurídico del periodo arcaico denominaba crímenes celestiales (*ama tsu tsumi*) y crímenes terrenales (*kuni tsu tsumi*). Destruye los linderos de los arrozales celestiales, ciega los canales de riego y esparce excremento por toda la sala donde se ofrendaban los primeros frutos de la cosecha sin lograr quebrantar la indulgente ecuanimidad de su hermana. Pero la violencia del dios va en aumento y acomete una especie de violación por medio de un animal sobre una de las sirvientas de Amaterasu en la estancia del tejido: abre un agujero en el tejado desde el cual lanza al interior un caballo desollado. Una de las hilanderas (evidente alter ego de la diosa del Sol) queda aterrorizada al verlo y, en su huida, se clava accidentalmente la lanzadera del telar en sus genitales y muere. La diosa del Sol, finalmente ofendida (o muerta), se retira a la Casa Rocosa del Cielo (*Ame no Iwato*) y sume al mundo en una noche eterna. Tras un largo ritual de evocación del sol, la luz vuelve al mundo y Susanowo es condenado por la asamblea de dioses. Como desagravio purificador, Susanowo hubo de entregar numerosas ofrendas y le amputaron su fuerza (le ordenaron que se cortara las uñas y la barba). No solo se le expulsa del cielo como un paria, sino que se le condena a vagar sin fin, como un viajero de la lluvia vestido ridículamente con un manto de paja, al que todos niegan la hospitalidad.

SUSANOWO, HÉROE CULTURAL

Segundo acto

Tres episodios, repartidos de forma desigual a lo largo de nuestros mitos, parecen indicar que el Susanowo del periodo posterior al exilio ya no es el alborotador que era al principio. El dios de la violencia incontrolable, el violador de tabúes, el niño irresponsable parece haberse metamorfoseado en héroe cultural, benefactor de la humanidad y proveedor de invenciones diversas, a menos que esta aparente conversión delate la aparición de un estrato más antiguo del personaje, que revela sus funciones primarias en su región de origen, Izumo. Un episodio, torpemente conectado en la narrativa del *Kojiki*, cuenta que poco después de ser expulsado del cielo, el dios se detuvo en casa de la diosa de la comida y la mató porque le ofreció alimentos extraídos de su propio cuerpo. Del cadáver de la diosa brotaron las primeras semillas de los auténticos alimentos que nutren a la especie humana. Este asesinato culturalmente útil parece haber sido cometido originalmente por el dios de la luna (como todavía indica una versión del *Nihon shoki*), y es sin duda el recuerdo de la violencia en el cielo de Susanowo lo que, por atracción analógica, llevó a los compiladores de nuestros relatos a atribuírselo a nuestro paria y a situarlo en este punto de la historia. Otra buena acción cultural, no mencionada en el *Kojiki*, se atribuye a Susanowo en una versión del *Nihon shoki*, y este mito original desempeña un papel clave en la etiología de la alimentación (menos el sacrificio): tras su exilio, Susanowo desciende primero a Corea, donde encuentra muchas especies de árboles que decide trasplantar a Japón, a la provincia de Ki (un falso juego de palabras etimológico, ya que la palabra árbol, en japonés, también se pronuncia *ki*).

Pero el principal logro cultural de Susanowo, en todas las versiones de nuestros mitos, es sin duda el asesinato del dragón de ocho cabezas de Koshi. Habiendo descendido a la región de Izumo, decide ayudar a una pareja de ancianos que tienen que entregar a su última hija al monstruo que acude periódicamente a reclamar su dote. Al matar al dragón, Susanowo sustituye un régimen religioso «sacrificial» (la consagración de niñas al servicio del dios serpiente) por una forma de adoración más inocua, y reemplaza el carácter convulsivo del poder autóctono por el control civilizado del país. Este asesinato también brinda la oportunidad de hallar, en la cola central del monstruo, la espada que se convertirá en una de las tres insignias de los rituales de cualificación imperiales. Tras esta hazaña, el dios sauróctono formaliza su unión con Kushinadahime y se retira al palacio con la valla de ocho puertas de Suga, en Izumo.

La mitología oficial del joven imperio, que se basaba en el culto a la diosa del Sol, parece haber presentado como una metamorfosis moral de Susanowo la que sin duda fue una de sus primeras condiciones en su patria de origen.

SUSANOWO, SEÑOR DEL PAÍS DE LAS RAÍCES

Tercer acto

Hasta este punto de la historia, y a pesar de la asignación inicial de Susanowo al país de Yomi (según una versión del *Nihon shoki*), se apreciaban muy pocos atributos ctónicos en la personalidad o las acciones del hermano menor de la diosa del Sol. Sin embargo, durante el episodio de las pruebas infernales impuestas a Ohokuninushi, Susanowo hace una nueva y última aparición. Pero esta vez ya no es el potentado local ni el héroe retirado que, en la tierra, vive feliz con su esposa en su palacio de Suga: de repente, lo vemos en su nuevo papel de amo de las moradas subterráneas, como si nuestras historias se hubieran saltado algunos episodios de transición. Este salto, sin embargo, no es del todo incoherente: en el imaginario espacial japonés, Izumo (la provincia occidental, situada en el poniente) se percibía naturalmente como una antesala del otro mundo. Sea como fuere, la nueva personalidad del dios no deja lugar a dudas. Es él quien impone las penalidades que tiene que afrontar el joven Ohokuninushi, es él quien emite las órdenes que acatan las serpientes y los insectos venenosos. Se enfatiza su naturaleza monstruosa por el aspecto de su cabeza que, como la de una gorgona, está infestada de ciempiés. Las dotes de magia que ostenta su hija Suseribime vienen a sumarse a este cúmulo de similitudes. Pero el mundo ctónico (y su señor) es fundamentalmente ambivalente: la tierra de la muerte es al mismo tiempo la fuente secreta de la energía vital. La magia negra y la magia blanca coexisten en la lista de atributos de este último Susanowo: el dios envenenador posee también la espada de la vida, el arco de la vida y la cítara celestial, y accede (aunque a regañadientes) a ceder sus utensilios mágicos al joven dios que supera con éxito su rito de iniciación y cualificación. En resumen, es innegable que algunas de las vilezas atribuidas al rebelde hermano menor de Amaterasu reflejan la visión sesgada de los creadores de mitos de la corte (para describir su carácter, los textos utilizan con frecuencia la expresión «tenía una naturaleza viciosa»), que pretendía legitimar la ideología centralizadora promovida por Yamato. Lo cierto es que la violencia de Susanowo, las caóticas consecuencias de sus actos y su asociación con la muerte se pegan tanto a la «piel» del personaje que cuesta imaginar que sean meras invenciones tardías. De ahí que la sugerencia de Lévi-Strauss, que permitía explicar a la vez la inmadurez del bebé de llanto ruidoso, sus destrucciones y su naturaleza secreta de tercer sol o «estrella negra», vinculando estos rasgos a un complejo amerindio y paleoasiático muy arcaico, conserve un fuerte poder de seducción.

TAKEMIKAZUCHI
El dios de las misiones difíciles

Nacido de la sangre de Kagutsuchi, asesinado por Izanagi, Takemikazuchi es el hijo del fuego, el kami del poder guerrero, el espíritu de la espada y, como tal, también está asociado al rayo. En el episodio de la cesión del país (Kuniyuzuri), los dioses celestiales lo envían a la tierra para conseguir la rendición de los señores de Izumo. Aunque la dimensión militar de sus atributos resulta evidente, es esencial subrayar que la dominación, en el universo del mito, se expresa más en el registro de la magia que en el de la fuerza bruta. Cuando desciende a un arenal de la provincia de Izumo, Takemikazuchi planta su espada boca abajo, «en la cresta de las olas» (*K.*, «NKBT», vol. 1), y se coloca sobre la punta del arma para manifestarse al pueblo y comunicar el mensaje de los dioses celestiales. Los aficionados a la mitología celta recordarán que el héroe irlandés Cûchulainn, durante su iniciación escocesa, aprendió de las hechiceras el arte de sentarse en la punta de una espada. El señor del país no opone resistencia al emisario celestial y pasa la responsabilidad a sus dos hijos. Solo uno de ellos, Takeminakata no kami, intenta plantar cara al paladín de los dioses celestiales. Takemikazuchi acepta el reto y se bate en un duelo que parece más un concurso de magia que una lucha a muerte. Por turnos, cada uno de los oponentes agarra el brazo de su adversario. Pero cuando Takeminakata intenta agarrar a Takemikazuchi, este convierte su propio brazo en un carámbano y luego en una espada, asustando al dios de la tierra. Luego, él a su vez agarró el brazo de Takeminakata, aplastándolo como si fuera una simple brizna de hierba...

Más adelante en el mito, cuando el emperador Jinmu se ve bloqueado en su avance hacia Yamato por unos bárbaros rebeldes, los dioses celestiales piensan naturalmente en enviar a Takemikazuchi en su rescate. Pero el interesado, que claramente estima que no le merece la pena desplazarse personalmente para enfrentar al enemigo, sugiere enviar simplemente a su símbolo de guerra, la espada, con la creencia de que su sola manifestación sería suficiente para amansar milagrosamente a los enemigos.

ALAIN ROCHER

TÉCNICAS DE FUEGO
De lo práctico a lo simbólico

En la historia de las tecnologías primitivas, cuando un nuevo instrumento entra en el campo de la práctica, tiende a relegar al ámbito de lo religioso las herramientas más antiguas a las que sustituye, como si la eficacia simbólica fuera un premio de consolación que se deja a las herramientas que se van quedando obsoletas. En Japón, por ejemplo, la aparición de pirotecnia de percusión híbrida (encendedores de piedra y metal) desplazó a la esfera de lo ritual a otros métodos más anticuados, como la fricción. El héroe Yamatotakeru recibe un encendedor «moderno» (*pi uti*/*hi uchi*) de su tía, la gran sacerdotisa de Ise, antes de partir en su expedición de guerra hacia el este, y enciende un contrafuego cuando se ve rodeado por las llamas que le salva la vida gracias a la facilidad con la que se puede manejar este instrumento. En cambio, la técnica arcaica de fricción con espiral (*pikiri*/*hikiri*) requiere tiempo y paciencia, por lo que se reserva para el uso ritual. Consiste en hacer girar rápidamente un palo vertical a través de un orificio practicado en una tabla de madera blanda. El movimiento de rotación se acelera mediante una cuerda enrollada alrededor del palo, cuyos dos polos están sujetos a los extremos de una segunda tabla perforada que atraviesa perpendicularmente la parte superior de la espiral: al bajar la tabla motriz se desenrolla la cuerda y el palo gira sobre sí mismo. En los antiguos ritos de preparación del fuego puro (conocidos como *Hikirishinji*) realizados en Izumo, Kumano e Ise se utilizaba este último método. Como demuestran los ejemplos concretos de las ceremonias Jinkonjiki y Niinamesai, este «fuego nuevo» es esencial para la preparación de los alimentos consagrados a las divinidades. En el santuario de Ise se le dedicó incluso un pabellón de fuego sagrado (*Imibi yashiki*). El carácter religioso de esta pirotecnia queda subrayado por su mito original, que exagera la insuficiencia funcional del proceso asignándole materiales inverosímiles. Tras la cesión del país y la construcción del palacio de Ohokuninushi, transformado en señor de lo invisible, el dios Kushiyatama es designado para la preparación de los manjares sagrados y emplea algas marinas para confeccionar el palo y la tabla para hacer fuego. Por último, cabe señalar que los nombres japoneses para las partes masculina y femenina de este utensilio se basan en metáforas agrarias transparentes, pues ambas realidades hacen referencia a las dos partes del mortero: *hikiri kine* y *hikiri usu*.

TIERRA Y USOS
Por la arcilla

Algunas tradiciones siberianas explican el origen de la tierra atribuyéndolo a la zambullida primordial de un ave acuática que recogió en su pico un trozo de arcilla del fondo del mar. En el mundo de los mitos, no es raro que un mismo motivo funcione alternativamente en modo mayor y menor. En Japón, el tema del «buceador en busca de tierra» no se asocia al origen de la *tierra mayúscula*, sino a la etiología de la arcilla destinada a la cerámica ceremonial. El dios Kushiyatama, que acababa de ser destinado al santuario de Ohokuninushi, se transformó en cormorán y se sumergió en el fondo del mar para traer de vuelta, en su pico, la arcilla que le permitiría elaborar los 80 platos celestiales (*ame no yasobiraka*).

TOYOTAMAHIME
La pérdida de la fertilidad

Cuando Howori, el hijo menor de Ninigi y Saku-yahime, viaja al reino submarino en busca del anzuelo que le reclama su hermano mayor, conoce a la hija del dios del océano, la bella Toyotamahime. Se casa con ella y esta le presenta a su padre. Sus anfitriones no solo le ayudan a encontrar su aparejo de pesca, sino que también le ofrecen una solemne bienvenida acorde a su condición real. Además, le ofrecen una ayuda má-gica que le permitirá controlar las aguas, derrotar a su hermano mayor y hacerse con el poder, lo que consi-gue con éxito. Toyotamahime, que ha permanecido en el palacio submarino, comunica a su marido que está embarazada y que le visitará en tierra para dar a luz. Nada más llegar, construye una casa de parto en la orilla y cubre el techo con plumas de cormorán. Pero el parto está tan próximo que no tiene tiempo de fi-nalizar el tejado de la casa (detalle que daría nombre al niño). Ella entonces se encierra, tras hacer prometer a Howori que no la miraría, porque, dice, debe *volver a su forma original* en tales circunstancias. El curioso ma-rido espía a la parturienta a través del agujero del techo y descubre que ha adoptado la forma de un temible monstruo marino que se arrastra por el suelo. Al darse cuenta de que la habían sorprendido, la irritada esposa regresó al océano, *cerrando tras de sí la frontera marina*. La conclusión de este episodio parece menos dramática que la de los mitos de Izanami y Sakuyahime, pero si recordamos que Toyotamahime lleva en su nombre el símbolo mismo de la fertilidad y la abundancia (*toyo*), comprenderemos que la indiscreción masculina tiene consecuencias similares a las que se recogen en los dos primeros dramas.

TSUCHIGUMO

Las arañas terrestres

A diferencia de los términos Kumaso, Emishi o Hayato, que guardan un parecido con etnónimos y se asocian a zonas geográficas concretas, el compuesto Tsuchigumo (que, palabra por palabra, significa «araña de tierra») tiene connotaciones más mitológicas y parece referirse a los autóctonos en general o a los rebeldes contra la autoridad imperial, fuera de cualquier asignación topológica. Los textos les atribuyen una morfología casi animal (tronco corto, extremidades sobredimensionadas, cola, cuerpo poderoso) y un hábitat semienterrado, lo que sin duda explica la metáfora de la araña terrestre, y que se corresponde con lo que nos dice la arqueología sobre las viviendas de los hombres del período Jōmon. El *Kojiki* nos ofrece esta imagen de una población de Tsuchigumo, hostil al progreso del futuro emperador Jinmu: «prosiguieron avanzando hasta llegar a la caverna de Osaka, en cuyo interior los esperaban numerosos bárbaros con rabo llamados tsuchigumo» (*K.*, «NKBT», vol. 1). La descripción que se hace en el *Nihon shoki* (Jinmu-ki) exagera aún más el carácter monstruoso de estos primeros hombres, que son tratados como vulgares presas: «Tenían el cuerpo muy corto y las extremidades largas, y parecían enanos. Las tropas imperiales tejían redes de dolichos que arrojaban sobre ellos antes de masacrarlos...» (*N.*, «NKBT», vol. 67). El teatro nô del periodo Muromachi y los grabados del periodo Edo mantuvieron vivo el arquetipo del tsu-chigumo dentro de una teratología cada vez más pro-liferante.

TSUKIYOMI
Las caras ocultas de la luna

Tsukiyomi no mikoto, nacido del ojo derecho de Izanagi durante las abluciones marinas del kami celestial, se presenta generalmente como un dios de la luna. Esta definición es doblemente inexacta.

Una versión del *Nihon shoki* cuenta que Tsukiyomi, tras su nacimiento, fue enviado al mundo de las alturas para iluminar el cielo «junto a Amaterasu». Y más tarde, cuando Tsukiyomi provoca la ira de su hermana al asesinar a la diosa de la comida, se le condena a no volver a ver la estrella del día y a exiliarse al reino de la noche como castigo. Por tanto, es legítimo deducir que Tsukiyomi fue originalmente un segundo sol, que se vio privado de su brillo como consecuencia de un pecado original, lo que concuerda con los conocidos mitos asiáticos de los tres, siete o nueve soles.

Además, como nos recuerda la etimología de su nombre, Tsukiyomi, incluso en su forma terminal, no es tanto un dios del astro lunar, sino un dios de las lunaciones: *yomi* significa tanto «leer» como, sobre todo, «contar», lo que delata una evidente función calendárica. Tsukiyomi no mikoto (el dios que cuenta las lunas) es, por tanto, un señor de la medición del tiempo, ya que es responsable de la alternancia del día y la noche, lo que sin duda explica sus atributos agrarios y, adicionalmente, su papel en las técnicas de navegación.

ALAIN ROCHER

TÚMULOS

Dar sepultura

A partir del siglo IV de nuestra era, los túmulos funerarios reales de la protohistoria adquirieron proporciones
monumentales y una morfología compleja que los dife-
rencian de las construcciones funerarias más modestas
del periodo Yayoi: kurganes circulares o cuadrados que
evolucionan hacia tumbas de «ojo de cerradura»; mon-
tículos con entradas verticales que dan paso a montícu-
los con entradas laterales, etc. Por eso, los arqueólogos
e historiadores japoneses suelen referirse al periodo
cronológico comprendido entre los siglos V y VI como
el «periodo de los túmulos antiguos» (*Kofun jidai*).
La envergadura y la duración de los trabajos (para los
que se necesitó abundante mano de obra esclava), la información proporcionada por el material funerario, la
complejidad del ritual de inhumación y el simbolismo
de la propia tumba (que estaba rodeada por un vasto
foso que marcaba una frontera entre el mundo de los
vivos y el de ultratumba, al tiempo que permitía regar
los arrozales circundantes) dan testimonio del carácter
sagrado de la función real y sugieren una sociedad alta-
mente jerarquizada. La hipótesis de que los cambios en
el material funerario visibles a partir del Kofun Medio
(siglo V) se debían a la irrupción de jinetes conquistado-
res procedentes del continente se ha abandonado ante

las abundantes pruebas del desarrollo endógeno de la sociedad protohistórica.

Los mitos y los *Anales* conceden un lugar de honor a las tumbas reales. En primer lugar, metafóricamente: el mito del descenso a los infiernos de Izanagi, cuando descubre el cuerpo putrefacto de su esposa en el palacio de la tierra de Yomi, está sin duda reestructurado a partir de la evocación de los rituales funerarios que se remontan al periodo Kofun. La enorme roca que el dios erige entre el mundo subterráneo y el de los vivos recuerda a la piedra que cerraba definitivamente el túmulo al final de un funeral temporal (*mogari*). Más adelante en el mito, cuando la diosa del Sol se ofende por la violencia cometida por su hermano menor (herida de muerte, según una variante), se encierra en la Casa Rocosa del Cielo y obstruye su entrada con una gran roca: esta escena parece ser una imagen de la antigua expresión «escondida tras la roca» (*iwagakure*), utilizada para designar a la muerte. Más cerca históricamente, el *Nihon shoki* y los libros II y III del *Kojiki* terminan siempre la narración de los reinados imperiales con una mención precisa del lugar donde se erigió el túmulo funerario (*misasaki*). Una parte considerable del último libro del *Kojiki* está dedicada a la historia de una venganza frustrada que orquestaron unos príncipes cuyo padre había sido asesinado por el emperador Yūryaku: uno de los príncipes planea inicialmente destruir el túmulo real del soberano criminal, pero la enormidad de semejante sacrilegio lleva a su hermano a aconsejarle que «minimizara» la venganza. Así, finalmente tomará simplemente un puñado de tierra del costado del montículo real.

UBUME

Llevar a un niño en brazos

El término *ubume* se reserva a los fantasmas de las mujeres fallecidas durante el parto, que suelen aparecer al anochecer cerca de los cruces de caminos. Cuando la *ubume* se encuentra con alguien, le pide que sostenga al bebé que lleva a la espalda. En cuanto el niño pasa a los brazos de esa persona, empieza a pesar cada vez más. Si la «víctima» soporta tal carga y supera la prueba, es generosamente recompensada por la *ubume*. Esta leyenda también se encuentra en la literatura moderna, ya que uno de los episodios de *Los sueños de diez noches*, de Natsume Sōseki, ofrece una variante trágica.

UBUYA

Las salas de parto

La etnografía confirma que las cabañas para dar a luz evocadas en los mitos tienen una base real. Era costumbre construir cabañas fuera del pueblo reservadas a las mujeres cuyo embarazo llegaba a término. Este aislamiento, que también se aplicaba a las mujeres menstruantes, tiene su razón de ser por el deseo de preservar el espacio común de la mancha de sangre. A las «reclusas» se las ponía bajo la supervisión de una anciana que velaba por ellas. En nuestros mitos es frecuente hallar este «alejamiento» codificado como una regresión a la forma primitiva (serpiente, monstruo marino, etc.) o incluso como un regreso a la familia de origen, lo que explica el tabú de la mirada impuesto al marido de la parturienta. A Izanami, que acaba de decretar el origen de la muerte, Izanagi responde con una metáfora extremadamente concreta: «Yo me encargaré de construir cada día mil quinientas cabañas de parto!». Más adelante en el mito, Konohana no Sakuyabime, acusada de infidelidad, prende fuego a su sala de parto (cuyas aberturas han sido selladas con arcilla) en una especie de ordalía espontánea para autentificar su ascendencia. Más adelante aún, la hija del dios del mar, Toyotamabime, alumbra a su hijo en una orilla, en una cabaña cubierta de plumas de cormorán.

UBUYU

Bautizo

La palabra compuesta *ubuyu* designa el baño reservado a los recién nacidos. El hecho de que se considerara que el agua procedía de la tierra eterna (Tokoyo) confirma el valor simbólico de la operación: no se trataba tanto de lavar al niño como de garantizarle una larga vida.

ALAIN ROCHER

WANI

Donde se aprende que los mitos
no son manuales de zoología

Acechando las aguas de mitos y cuentos populares, el monstruo que los japoneses llaman *wani* tiene un referente zoológico muy flotante. Literalmente, la palabra se refiere a una variedad de cocodrilo o gavial (y sabemos que estos reptiles acuáticos alguna vez infestaron los ríos asiáticos hasta una latitud más alta que la actual). La leyenda de la liebre de Inaba y los *wani*, presente en la mitología de Izumo, parece apoyar este significado, como sugiere también el sinograma utilizado para representar gráficamente esta palabra. Queriendo cruzar un gran río, una liebre idea una estratagema que resulta humillante para los cocodrilos: fingiendo estar impresionada por su número y su poder, les pide que se alineen a todo lo ancho del curso de agua y, con el pretexto de contarlos, se sube a sus lomos y cruza el río.

Pero aparte de este caso, que según los especialistas japoneses procede directamente del folclore austronesio, el *wani* de nuestros mitos es un animal marino más cercano al tiburón que al cocodrilo. A menudo asume el papel de emisario del dios del océano: cuando Howori está a punto de abandonar el reino submarino, Watatsumi no kami convoca a todos los *wani* de sus dominios y les pide ayuda para escoltar al joven príncipe hacia la superficie. El más pequeño de los tiburones se presentará voluntario. En el mismo complejo narrativo, Toyotamabime, hija del dios del mar, se queda embarazada del príncipe Howori, y cuando comunica a su marido que está a punto de dar a luz, le dice que no la espíe, ya que debe volver a su forma original. El tabú de no mirar es obviamente infringido, y el marido, demasiado curioso, descubre que su mujer está alumbrando bajo la forma de un gran *wani*.

YAMA OTOKO
El yeti japonés

El término Yama otoko (literalmente «hombre de la montaña») se refiere a una criatura fantástica y peluda que a veces adopta la forma de un anciano calvo para aparecerse a quienes se adentran en las montañas. A pesar de su aspecto rudo y su fuerza sobrenatural, no es hostil con los humanos, e incluso llega a ayudarles recogiendo leña o colaborando en las labores del campo.

YAMA UBA
La ogresa de la montaña

Aunque su nombre podría parecer que es la contrapartida femenina del bonachón Yama otoko, en realidad Yama uba tiene rasgos y funciones diametralmente opuestos: es una especie de hada malvada, decididamente hostil con los humanos. Sirve al dios de la montaña y no tiene reparos en devorar a los incautos que se aventuran en sus dominios. Su aspecto repulsivo explica por qué se le reservan ofrendas de pescado *okoze* (el más feo de su especie). No es imposible que esta fealdad sea un recuerdo desvanecido del terrorífico rostro de los Shikome, los compañeros de la diosa de la muerte. Con el tiempo, el folclore suavizará los rasgos de la ogresa, y las pinturas del periodo Edo la representarán amamantando a Kintarō, por ejemplo.

ALAIN ROCHER

YAMATOTAKERU, ¿HÉROE?
Los entresijos del heroísmo

La leyenda dorada que surgió tras la redacción de nuestros mitos situaba a Yamatotakeru en la posición convencional del héroe intrépido e intachable, convertido en exterminador de bárbaros para mayor gloria del imperio en construcción. Su trágico final aumenta incluso su grandeza, pues parece confirmar la validez del principio de Ivan Morris de la «nobleza del fracaso». Pero esta imagen idealizada oculta numerosas zonas grises que afectan a su condición y a su problemática personalidad. Su origen principesco, su ascenso por delante de su hermano mayor y el título de emperatriz que uno de nuestros manuscritos otorga a su esposa sugieren que Yamatotakeru fue un gobernante que sucedió (o debería haber sucedido) a su padre el emperador Keikō, pero que fue excluido de la genealogía oficial por un comportamiento que no se ajustaba a los cánones de lo políticamente correcto. Bajo el barniz de virtud heroica, su personalidad revela un trasfondo de violencia convulsiva, que lo convierte en un avatar del alborotador inmaduro Susanowo no mikoto. Al igual que su modelo, el héroe guerrero es un «bebé de llanto ruidoso» aún sometido al imperio de la feminidad.

YAMATOTAKERU, ASESINO

La vocación de exterminador

El emperador Keikō, que ha oído elogiar la belleza de dos jóvenes provincianas, Yehime y Otohime, envía a su hijo mayor Oho.usu a convocarlas a la corte. Interpretando su misión de forma demasiado personal, el príncipe se quedó con las hermosas mujeres y envió a dos sustitutas sin encanto para engañar al augusto. Sin duda, no tiene la conciencia tranquila, ya que evita cautelosamente presentarse en la corte. El soberano encomienda a su hijo menor, Wo.usu (el futuro Yamatotakeru), la educativa tarea de amonestar al culpable. Probablemente, el joven príncipe toma el verbo amonestar como un eufemismo imperial: sigue a su hermano mayor hasta el excusado, lo masacra, lo descuartiza y arroja sus restos a la calle, envueltos en una estera, como si fueran vulgares residuos. El soberano estaba tan asustado por este exceso de celo que decide dar a la energía desbordante de su hijo una salida útil, lo más lejos posible del trono: lo envía a someter a los bárbaros del oeste.

YAMATOTAKERU
EN MISIÓN HACIA EL OESTE

Cuando la violencia se une a lo escabroso

Antes de partir para subyugar al poderoso Kumasotakeru, el joven héroe recibe de su tía, la gran sacerdotisa de Ise (Yamatohime no mikoto), ropa de mujer y
una daga. Al llegar al lugar de sus futuras hazañas, se
viste como una joven para burlar la vigilancia de los
guardias y seducir a los dos jefes bárbaros que organizan una ceremonia de inauguración en la cueva que
les sirve de morada. Cuando la excitación de la fiesta
adormece las sospechas de sus anfitriones, Wo.usu clava
la daga al hermano mayor. Entonces persigue al más
joven, que trata de escapar subiendo por las escaleras
de la cueva. Lo agarra por detrás y le clava la daga en
las nalgas. Antes de morir, Kumasotakeru preguntó
por la identidad del joven y, reconociendo su fuerza, le
concede el título de «Poderoso de Yamato» (Yamatotakeru). Apenas bautizado, Yamatotakeru acabó con
el enemigo, «tajándole el cuerpo como si cortara un
melón maduro» (*K.*, «NKBT», vol. 1). Luego, como
para recordarnos que en aquellos tiempos feroces la pacificación era también una empresa religiosa, emprende
el camino de regreso sometiendo «a las deidades terrenales de la montaña, de los ríos y de los estrechos del
mar» (*Ibid.*).

YAMATOTAKERU EN MISIÓN HACIA EL ESTE
Un exceso de temeridad

Al llegar Yamatotakeru a la corte, da cuenta de sus hechos con la esperanza de que se le conceda una merecida jubilación. Sin embargo, el emperador le asigna de inmediato otra tarea, simétrica a la primera: «Tienes que someter y pacificar a las deidades insolentes y a los pueblos insumisos que habitan en los Doce Países del Este!» (*K.*, «NKBT», vol. 1). Antes de ponerse en camino, el afligido héroe acude al santuario de Ise a lamentarse ante la gran sacerdotisa: «¡Ay, qué cierto estoy de que el emperador desea mi muerte! [...] Me envía ahora sin tropas a fin de someter a pueblos rebeldes. No cabe duda de que quiere que muera...» (*Ibid.*). Como en la primera expedición, la sacerdotisa le entrega dos ayudas mágicas (un encendedor y una espada, que no es otra que una de las tres insignias, Kusanagi no tsurugi). Por el camino, escapa a la trampa mortal tendida por el gobernador de la tierra de Sagamu, que intenta encerrarlo en un anillo de fuego: corta la hierba de la pradera con la espada imperial (lo que justifica su etimología de «espada que corta la hierba») y enciende un contrafuego con el encendedor que le regaló su tía, antes de masacrar al felón gobernador y a todo su clan. Se casa entonces con la princesa Miyazuhime, aunque una indisposición temporal de su anfitriona le obliga a posponer el encuentro, y al día siguiente olvida la espada mágica junto a su cama. Decide entonces atacar al dios del monte Ibuki, que se le aparece en forma de un gigantesco jabalí blanco. Comete entonces el error fatal de violar un tabú ancestral: eleva la voz delante del dios, quien, indignado, provoca una violenta tormenta que sume a Yamatotakeru en un estado de inconsciencia.

EL DEBILITAMIENTO DE YAMATOTAKERU

La pasión

El héroe lucha por recobrar la consciencia y descubre que sufre un extraño mal. Emprende el regreso hacia la corte, pero el debilitamiento de sus fuerzas le obliga a hacer varias paradas. Cada parada corresponde a un nuevo síntoma de la enfermedad, que explica la etimología del topónimo. «Pero ahora veo que mis piernas se resisten a seguir caminando» (*K.*, «NKBT», vol. 1). Por eso, a ese lugar se le puso el nombre de Tagi. Más adelante, cuando le fallaron las fuerzas, se vio obligado a depender de un bastón para caminar, lo que explica el nombre de «paso del bastón». A medida que se acercaba la muerte, las paradas iban acompañadas de poemas desesperados en los que cantaba la nostalgia de su tierra natal: «Ah, mi Yamato!/Tus montes en cadena,/cual verdes vallas/te guardan como a un nido./¡Yamato hermoso!» (*Ibid.*). Mientras exhala su último aliento, parece comprender la raíz de esta fatal cadena de acontecimientos: «Dejé mi espada/junto al lecho de la joven/¡Ah, mi espada!» (*Ibid.*).

Su mujer y sus hijos organizan el funeral, y lloran mientras siguen al héroe metamorfoseado en una gran ave blanca, cantando un nuevo poema de duelo en cada etapa marcada por el alma alada del difunto, como si su vuelo final reprodujera las etapas de la prueba anterior y cantara el ritual funerario.

CENIT Y NADIR DE LA MITOLOGÍA

La lección moral de los príncipes Oke y Woke

El destino de los dos príncipes Oke y Woke (los futuros emperadores Ninken y Kenzō) ocupa un lugar especial en nuestras colecciones de mitos. Esta situación excepcional no se debe únicamente a los dramáticos acontecimientos que han jalonado su historia. Al fin y al cabo, esta larga sucesión de pruebas iniciales, exilio, renacimiento simbólico y apoteosis política sigue una gramática narrativa que no resulta en ningún caso novedosa. En realidad, el ascenso ejemplar de los dos príncipes sirve para presentar una coda a toda la violencia que ha salpicado la historia dinástica, para ofrecerles una mejor salida civilizada que marque el fin de la era mitológica.

Todo comienza con la sangrienta ascensión al trono de Ohohatsuse (el futuro Yūryaku). El soberano masacra a sus rivales (hermanos, primos, etc.) con una eficacia tan formidable que los analistas del *Nihon shoki* no pudieron evitar criticarle: «El emperador solo escuchaba los dictados de su corazón. Mató injustamente a mucha gente. En el inframundo, fue condenado y se le llamó 'el emperador cruel'» (*N.*, «NKBT», vol. 67).

Durante una sesión de caza, mata a su primo, el hijo del antiguo emperador Richū, lo descuartiza y lo entierra sin darle una sepultura adecuada, un comportamiento que recuerda a la furia desmedida de Yamatotakeru. Pero mientras la muerte del poderoso de Yamato daba a su violencia el aura de un destino trágico, Yūryaku es un Yamatotakeru feliz, es decir, un vulgar emperador-carnicero.

Los hijos del difunto, los príncipes Oke y Woke, huyen a una provincia remota, donde ocultan su identidad y sobreviven como criadores de caballos. Tras una larga reclusión, y después de la muerte de Yūryaku, aprovechan una ceremonia local para revelar su nobleza durante una declamación poética. Sus anfitriones los reconocen y les construyen un palacio provisional. Cuando el más joven, Woke no miko, elige a una doncella para contraer matrimonio, un potentado local intenta oponerse a la unión, y se produce un duelo poético entre los dos rivales. El príncipe ganó la justa y él y su hermano mayor decidieron dar muerte al potentado rebelde. Entonces, en lugar de iniciar una de esas despiadadas disputas por la sucesión a las que tan acostumbrados nos tienen los *Anales*, los dos hermanos establecen un largo sistema rotatorio marcado por la cordialidad en el que se van cediendo el trono el uno al otro por turnos. Finalmente, el mayor consigue convencer a su hermano menor para que asuma el papel imperial. Convertido en el emperador Kenzō, ordena traer los restos de su padre y planea vengar al difunto destruyendo el túmulo funerario del emperador Yūryaku. Su hermano mayor, Oke no miko, asume esta misión, pero se contenta con una degradación simbólica en los laterales del túmulo para evitar cometer el sacrilegio exigido por su hermano. Se apoya entonces en consideraciones morales para poner fin definitivamente al interminable ciclo de venganzas, del mismo modo que fue capaz de quebrar la rivalidad mimética que enfrentaba a los pretendientes al trono. Esperará a la muerte natural de su hermano menor para sucederle con el nombre de emperador Ninken. Cuando una historia renuncia a la violencia convulsa de los comienzos y opta por cultivar las buenas maneras, da la espalda al mito y pasa a convertirse en leyenda dorada.

GENEALOGÍA SIMPLIFICADA
DE LOS KAMIS

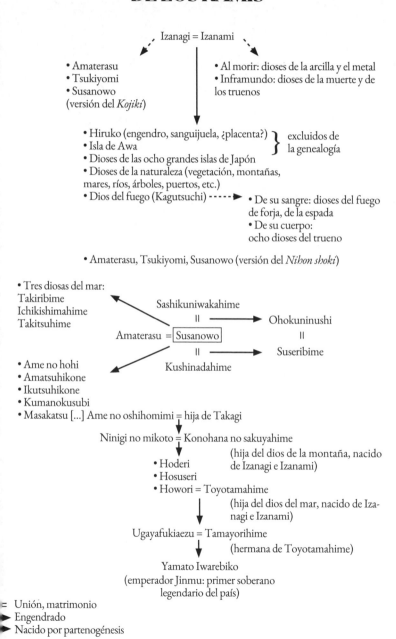

Izanagi = Izanami

• Amaterasu
• Tsukiyomi
• Susanowo
(versión del *Kojiki*)

• Al morir: dioses de la arcilla y el metal
• Inframundo: dioses de la muerte y de
los truenos

• Hiruko (engendro, sanguijuela, ¿placenta?) ⎫ excluidos de
• Isla de Awa   ⎬ la genealogía
• Dioses de las ocho grandes islas de Japón ⎭
• Dioses de la naturaleza (vegetación, montañas,
mares, ríos, árboles, puertos, etc.)
• Dios del fuego (Kagutsuchi) - - - ➤ • De su sangre: dioses del fuego
                                      de forja, de la espada
                                    • De su cuerpo:
                                      ocho dioses del trueno

• Amaterasu, Tsukiyomi, Susanowo (versión del *Nihon shoki*)

• Tres diosas del mar:
Takiribime
Ichikishimahime
Takitsuhime

Sashikuniwakahime
‖ ⟶ Ohokuninushi

Amaterasu = Susanowo
‖
‖ ⟶ Suseribime
Kushinadahime

• Ame no hohi
• Amatsuhikone
• Ikutsuhikone
• Kumanokusubi
• Masakatsu [...] Ame no oshihomimi = hija de Takagi

Ninigi no mikoto = Konohana no sakuyahime
(hija del dios de la montaña, nacido
de Izanagi e Izanami)
• Hoderi
• Hosuseri
• Howori = Toyotamahime
(hija del dios del mar, nacido de Izanagi e Izanami)

Ugayafukiaezu = Tamayorihime
(hermana de Toyotamahime)

Yamato Iwarebiko
(emperador Jinmu: primer soberano
legendario del país)

= Unión, matrimonio
➤ Engendrado
➤ Nacido por partenogénesis